淡交新書

昭和の歌舞伎 名優列伝

石橋健一郎

淡交社

目次

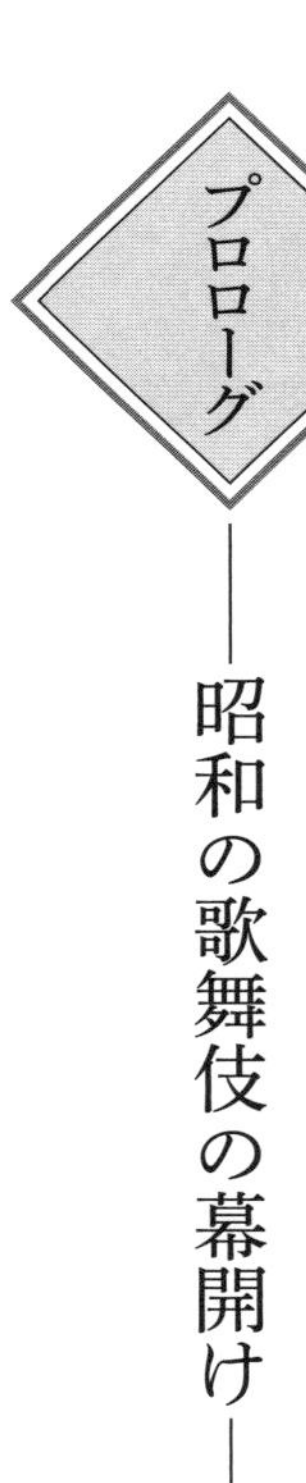

プロローグ

――昭和の歌舞伎の幕開け――

　大正15年の暮れも押し詰まった12月25日、大正天皇が崩御（ほうぎょ）し、この日から時代は昭和とあらたまった。この月の歌舞伎公演で最大の座組みだったのは、今も続いている京都・南座の顔見世で、当時、関西歌舞伎のトップスターだった初代中村鴈治郎の一座に、東京から六代目尾上梅幸、七代目松本幸四郎、七代目市川中車らを加えた顔ぶれである。一方、東京では歌舞伎座と新橋演舞場で歌舞伎が上演されていた。歌舞伎座は、二代目市川左團次の一座に十五代目市村羽左衛門が加わり、小山内薫の新作『森有礼（もりゆうれい）』ほか。演舞場は、座付きの六代目尾上菊五郎の一座に七代目坂東三津五郎が加入し、舞踊や世話物など、古典中心の演目であった。

左團次と菊五郎。この二人は、そのめざす方向こそ違え、大正から昭和前期の歌舞伎界の実質的な推進力となった人たちだが、この時点での立場は、まったく明暗を分けていた。

左團次の主演する歌舞伎座の『森有礼』は大きな注目を集め、この興行が天皇御不例との理由により、18日間で打ち切られたため、翌昭和2年12月、ただちに再演されたほどである。そしてこの大正15年（昭和元年）、左團次はほかにも『男達ばやり』（池田大伍作）、『権三と助十』（岡本綺堂作）、『江戸城総攻（第一部）』（真山青果作）など、「新歌舞伎」の名作として後世に残る作品をつぎつぎに初演し、あたらしい脚本に挑むその路線は、すっかり軌道に乗ったといってよかった。それに対し、この時期の菊五郎は、わずかな手勢を率いて、本拠地市村座の経営不振の前に、まさに孤軍奮闘の働きをしていたのである。

ここで、話は遡る――。明治36年、2月に五代目尾上菊五郎が、9月に九代目市川團十郎が相ついで没し、翌年には初代市川左團次が世を去って、歌舞伎が大きな曲がり角を迎えたことはよく知られている。39年、歌舞伎座は、当時の東京の主要な役者を統合する意味で技芸員制度を設けたが、このとき、團菊の相手役もつとめていた五代目中村歌右衛門が委員長になり、ほかに、五代目菊五郎の養子の六代目梅幸、甥の十五代目羽左衛門、弟子の四代目尾上松助、九代目團十郎門下の七代目中車、二代目市川段四郎、七代目幸四郎、それに七代目澤村宗十郎と関西の初代中村鴈治郎を加えた面々を、幹部技芸員とした（ただし、松助は固辞。なお、芸名はすべて最終時のもので記した。以下同じ）。この時点で、二代目左團次や六代目菊五郎、菊五郎の好敵手で「菊吉」と並び称された初代中村吉右衛門らは、まだ20歳そこそこの若輩だったのである。

このうち、父の初代左團次が経営していた明治座を受け継いだ二代目左團次は、39年の二代目襲名披露興行の純益をもって欧州視察の旅に出、帰朝後は、翻訳劇やあたらしい文芸戯曲をつぎつぎと試演して、日本の近代演劇の先駆的役割をはたした。

一方、41年、歌舞伎座の経営を任されていた興行師田村成義の采配で、七代目三津五郎と十三代目守田勘弥の兄弟を座付きにしていた市村座に、菊五郎と吉右衛門が加入する。田村は、吉右衛門に一番目物（時代物）、菊五郎に二番目物（世話物）を主演させ、中幕には菊五郎と三津五郎の舞踊を出すといった形で、菊吉を團菊の後継者に育て上げようとした。そして二人もまた、古典歌舞伎の継承とそこにあらたな創意を加える熱心な研究態度を示して、急速な成長を見せていった。

さらに、44年、財界の資本による帝国劇場が開場。歌舞伎座から梅幸、幸四郎、宗十郎、松助らが引き抜かれて、その座付きとなった。

このように、明治末の時点で、東京の歌舞伎界はいくつかの勢力に分かれ、それぞれ特色ある舞台を創造していたのである。とくに左團次の活動、菊吉の活動は、歌舞伎界のあたらしい動きとなった。この分布図が、基本的に、大正・昭和の歌舞伎へとつながっていく。

なお、当時の歌舞伎興行は、興行師たち（いわば、演劇プロデューサーである）が、提携する役者を使って企画を作るという形態であった。劇場の所有者（個人、または法人）は別にいて、自分の劇場をどの興行師に任すかを決めるわけである。帝劇だけは、社員たちが、今日でいう公演制作の業務にあたっていた。

関西の場合も事情は同じだったが、明治28年、京都で起業した白井松次郎、大谷竹次郎という双子の興行師が、35年には「松竹合名社」を設立し、関西の劇場の経営を、つぎつぎと手中におさめていく。明治中期の関西歌舞伎は、初代中村鴈治郎と十一代目片岡仁左衛門が人気を二分していたが、白井は鴈治郎と提携し、40年ごろには道頓堀の劇場街を制覇していた。一方、仁左衛門は東京に移り、歌舞伎座の座付きとなるが、京都の劇場を掌握（しょうあく）した大谷が、つぎに東京に進出し、大正期にはその歌舞伎座もふくめ、新富座、本郷座、明治座（二代目左團次はひとりの役者として松竹専属となった）など、主要劇場の大半が松竹の経営となる。残るは、専属の役者を持つ帝劇と、田村の経営する市村座だけであった。

こうして、大正期の歌舞伎界は、松竹、帝劇、市村座の三者鼎立の形で、時世の安定と俳優の技芸の円熟により、近代におけるひとつの全盛期を形作ったが、大正12年の関東大震災を境に、さまざまな変化が起こった。ひとつは、これまで名前をあげたような大劇場とは別に、数多くあった中小の劇場が、震災を機に映画館や軽演劇の劇場に転向してしまったこと。歌舞伎の人気を下支えしてきた「小芝居」の凋落である。

一方、市村座の勢力も、このころには、すっかり衰退していた。菊吉の人気で、大正中期には「二長町時代」（市村座は下谷の二長町にあった）とよばれるほどの盛況を呈したが、菊五郎偏重の企画がほかの役者との間に軋轢を生み、まず勘弥が帝劇に、吉右衛門、三津五郎が松竹に去る。若い菊五郎の、燃えるような才気と超人的な活躍にもかかわらず、頽勢はいかんともしがたかった。

こうした状況のなかで、冒頭に書いた昭和の歌舞伎は幕を開けたのである。

なお、付け加えておくと、昭和2年には、ついに菊五郎一座も松竹の傘下となり、5年には帝劇も松竹の経営となって、ここに、歌舞伎界の大同団結は完成した。

これから、その昭和の歌舞伎界を彩った役者たちを、列伝風に書いていくことにする。ただ、上方の名女方だった三代目中村雀右衛門(じゃくえもん)（2年没）、脇役の名手として「名人松助」の尊称を得た四代目尾上松助（3年没）、古風な和事とあたらしい近代戯曲の双方に才能を示した十三代目守田勘弥（7年没）など、昭和一桁代に生涯を閉じた人々は、明治・大正時代をその最盛期とするべきで、ここでは取り上げないことにする。

しかし、初代鴈治郎（10年没）となると、上方歌舞伎界におけるその存在の大きさから見て、やはり、逸することはできないだろう。となれば、その生涯のライバルとされた十一代目仁左衛門（9年没）にも、ふれておかなければなるまい。

偶然、関西の役者から筆を起こすことになるが、それはこうした事情からである。

協力

独立行政法人　日本芸術文化振興会（国立劇場）
松竹株式会社
公益社団法人　日本俳優協会

凡例

・本文中の外題について、本外題は二重カギ括弧（例・『勧進帳』）で、通称や略称は一重カギ括弧（例・「かさね」）で表記しています。通称や略称については巻末（270頁）の外題一覧をご参照ください。
・外題や屋号等は基本的に常用漢字を使用しています。

華麗なる歌舞伎の時代

昭和元年〜昭和20年

十一代目 片岡仁左衛門

【かたおか・にざえもん】
安政4年（1857）10月18日・生
昭和9年（1934）10月16日・没

大阪の歌舞伎界で、十一代目仁左衛門と初代中村鴈治郎（がんじろう）が熾烈（しれつ）な競い合いを展開したのは明治20年代のことである。しかし、鴈治郎が最後まで道頓堀の王者であり続けたのに対し、東京に移った3歳年上の仁左衛門は、大正期には老け役が多くなり、昭和に入るとほとんど舞台にも立たなくなった。にもかかわらず、死亡時の新聞では、やはり鴈治郎のライバルと報じられている。若き日の二人の競争は、それほど印象に残るものだったのだろう。

後世の私たちから見ると、鴈治郎にくらべて仁左衛門の芸風というものは、想像するのがむずかしい。その理由は、第一に、現在の歌舞伎役者のなかに類似のタイプを見出し得ないこと。第二に、その当り役とされる演目のほとんどが、近年、上演されていないこと。さらに、この世代にはめずらしく、レコードを一枚も吹き込んでいないこと。劇評家三宅周太郎は、仁左衛門の芸の特色のひとつとして名調子（せりふ廻しの巧さ）をあげているが、それを偲(しの)ぶよすがも残されていないのだ。「鴈は桜、仁左は紅葉」とか、「鴈は極彩色の名画、仁左は墨絵の逸品」といった譬(たと)えを読むと、一応、わかったような気にはなるが、仁左衛門のもっとも特徴的だったであろう自然の〝詩情〟〝風格〟といったものは、やはり実際の舞台に接してみないと、実感しにくいものであろう。

それにしても、私が興味をひかれるのは、そうしたいぶし銀の味わいを身上とする役者が、よくぞ華の鴈治郎と互角の人気を張り合ったということである。それだけ、仁左衛門の芸がすぐれていたということでもあろうし、また、それだけ当時の大阪の観客は鑑賞眼が高かった、ということでもあるだろう。

仁左衛門の最終的な当り役とされるものには、「吉田屋(よしだや)」の伊左衛門、「馬切り(うまきり)」の松平長七郎など、父・八代目仁左衛門ゆずりの和事系の役。「道明寺(どうみょうじ)」の菅丞相(かんしょうじょう)のように特別の品格を要する役。「鰻谷(うなぎだに)」の古手屋八郎兵衛(ふるてやはちろべえ)、「帯屋」の長右衛門、「宵庚申(よいごうしん)」の八百屋半兵衛など、辛抱立役(しんぼうたちやく)の系統。「壺坂(つぼさか)」の沢市、「堀川(ほりかわ)」の与次郎など、真面目で人間味あふれる自然体の人物。さらに、「沼津」の平作、「賀の祝」の白太夫、「野崎村」の久作、「九段目」の加古川本蔵、「寿の門松」の山崎浄閑、「大文字屋」の助右衛門など、義太夫狂言の、主として世話物や、時代物のなかの世話場に登場する老人役などがある。しかし、もっとも評価の高かったのは新作物で、『桐一葉』や『沓手鳥孤城落月』の片桐且元、『桜時雨』の灰屋紹由、『名工柿右衛門』の柿右衛門、『来山』の小西来山、『都一中』の都三中など、明治末から大正はじめに初演されたものは、晩年までくりかえし演じられた。だが、だれもが演じる古典の名作は別として、こうした当り役の多くは彼の専売特許だっただけに、息子の十三代目仁左衛門がいくつかは受け継いで演じたものの、その没後はほとんど上演が遠のいてしまった。歌舞伎座の座付き作者だった榎本虎彦の書いた『名工柿右衛門』『来山』『都一中』などは、十一代目の持ち味である名人気質があってこそ生きた脚本だともいえるが、新歌舞伎の代表的名作とされる坪内逍遥の『桐一葉』や「孤城落月」、高安月郊の『桜時雨』なども、今ではなかば忘れられた形である。

十一代目仁左衛門（本名秀太郎）は、安政4年、浅草・猿若町で生まれた。片岡家は上方歌舞伎屈指の名家だが、父の八代目は安政のはじめから江戸でも活躍し、そこで秀太郎を儲けたわけである。昭和のはじめには、まだ旧幕時代に生まれた役者が生存していたのだ。

『桐一葉』　片桐且元

5年後、秀太郎は父の帰坂に同行するが、八代目は、大坂に戻ってすぐに急死。秀太郎は子供芝居を転々とすることになる。貧困と不遇のなかでの、苦しい修業時代だったが、彼の才気は徐々に頭角をあらわしていった。

明治9年春、三代目我當と改名した19歳の彼は、兄の三代目我童とともに東京に招かれ、九代目市川團十郎を座頭とする中村座の舞台に立った。そこで接したのは、はじめて目にする東京の急速な文明開化のありよう、そして明治期最高の名優とされる團十郎の生み出すあたらしい時代の演劇のすがたである。それに刺激されたのであろうか、ほどなく我當は格下の春木座に移り、さらに小芝居の中島座に立て籠もった。あえて格下の劇場に移ったのは、自分を中心とする一座で、自分の思う芝居が存分にできる環境が欲しかったのであろう。中島座では、新聞小説を脚色した『千代田の刃傷』という芝居が大当たりし、当分の間、彼の財産となっていた。

19年、こうした東京での体験を引っ提げて大阪へ帰り、鴈治郎と競いながら古典、新作両面に華々しい活躍をする。円満な鴈治郎に対し、直情型である我當の舞台ぶりや日常の言動は、多くの敵も作ったようだが、また、多くの人をひきつける魅力ともなった。

新作では、23年10月の角座で『谷間の姫百合』を初演した。末松謙澄・二宮熊次郎訳のアメリカの小説『ドラ・ゾーン』を、明治の華族社会に移して脚色したもので、今の目から見れば、大時代な歌舞伎仕立てのせりふが微苦笑を誘うといった体の作品である。しかし、折口信夫が独自の感性で綴った俳優論の一篇「戛々たり 車上の優人」(『かぶき賛』所収)には、このとき我當の演じた伯爵有洲成人の印象が、永く大阪人の記憶に残っていたことが記されている。「戛々」とは馬蹄の響きの形容。のちに東京・歌舞伎座の座付きとなった彼が、当時としてはめずらしい一頭立ての馬車で楽屋入りするすがたに、明治20年代の大阪のハイカラ趣味――それ自体が、すでにノスタルジーのなかにある――を、折口は感じ取ったのであろう。仁左衛門は大酒家で、その方の武勇伝も多いし、並はずれた派手な豪遊ぶりで多くの逸話を残しているが、遊びぶりに芸人らしさはなく、富裕な大阪町人が培った通人趣味に通じるものだったらしい。こうした生活態度をつらぬいたことで、その舞台には独特の風格と近代性が生まれたのであろう。

このころ、仁左衛門(我當)は「片岡十二集」(もとは「新古演劇十二集」といった)を制定し、この時点での得意芸を集成している。彼がはじめて文楽から歌舞伎に移し、義太夫狂言として演出を完成させた「堀川」「鰻谷」「大文字屋」、古典作品に独自の演出を施した「馬切り」「赤垣源蔵」「清水清玄」「吃又」「大蔵卿」、新作の『菅公』『木村長門守血判取』

『和気清麻呂』など。明治40年、大阪の角座における仁左衛門襲名で演じた『石田の局』を加えて数を合わせているが、それ以外は、すべて明治20年代に初演したものである。仁左衛門にとって「十二集」は、もっとも創造意欲に燃えた壮年期の記念碑であり、同時に江戸の市川家（「歌舞伎十八番」「新歌舞伎十八番」）や尾上家（「新古演劇十種」）の〝家の芸〟の向こうを張って、関西随一の名家の矜持を示したものと言えるだろう。

明治30年、我當時代の仁左衛門は再度の東上をはたし、約半年間、春木座を拠点に「新古演劇十二集」の肩書をつけた演目をさかんに上演した。しかし、今回の東京進出は、あまり芳しい評価を得られなかったらしい。矛をおさめて大阪に帰った我當は、翌31年、梅田にあたらしくできた歌舞伎座の開場記念として、九代目團十郎が破格のギャラで来演する公演に加わったが、ことごとに團十郎に楯突き、大阪役者の意地を示したという。裏返して見れば、それだけ團十郎の偉大さを意識していたということだろう。今や全国区となった首都東京、彼がめざすその東京の象徴が團十郎だったからである。

明治36年9月、その團十郎が没すると、東京の歌舞伎座は、團十郎の後釜として我當を招いた。すでに、それだけの評価を得ていたのである。しかし、梅田の歌舞伎座での一件を知る東京の劇界人からは、さまざまな反発も起こったようだ。

最初の公演で演じた「大文字屋」は好評だったが、『松栄千代田神徳』という芝居の野沢弥十郎では、「これは干鰯の油でござる」というせりふ廻しが珍妙だといわれ、しばらく劇評家仲間で「干鰯の油」が話題になったという。そして、つぎの興行の「寺子屋」（我當は武部源蔵で出演している）で、團十郎の薫陶を受けた六代目菊五郎が、涎くりの役でこのせりふを声色で言い、我當を揶揄するという事件があった。

しかし、その菊五郎も、後年、「明治時代の團十郎菊五郎没後に、本当の名人は仁左衛門だよ」と語ったという。まさに、歴史はくりかえす、である。

このあと、37年から38年にかけて、『桐一葉』『沓手鳥孤城落月』『桜時雨』などの文芸作品をつぎつぎと初演し、新作における彼の芸境はあらたな段階を迎える。そして、大阪での仁左衛門襲名をはさみ、44年にはすっかり活動の拠点を東京に移した。東京では、歌舞伎座の座頭格におさまり、五代目中村歌右衛門、十五代目市村羽左衛門とともに「歌舞伎座の三衛門」と並び称されたが、座頭格とはいえ、かならずしも自由な活躍の場が与えられていたとはいいがたかったようである。〝不遇〟と評する声もあった。だが、そうしたなかでも、榎本虎彦作品などの新作に衰えぬ意欲を示したし、古典でも、60歳を過ぎてから「伊賀越」（饅頭娘）の唐木政右衛門、「玉藻前」（道春館）の鷲塚金藤次、「九段目」の本蔵などを初役で手がけ、高い評価を得ている。当時の平均寿命を思えば、やはり大したものといわねばなるまい。

最初に記したように、昭和に入ると、ほとんど舞台に立たなくなったが、昭和9年10月、大阪歌舞伎座で甥・我童（のちの十二代目仁左衛門）の子のひとし（十四代目仁左衛門を追贈）が五代目芦燕を襲名するにあたり、「口上」一幕のために老軀を厭わず大阪へ行った。しかし、大阪に着くや持病の喘息を発し、やや小康を得た2日間だけは舞台に出たが、16日、思い出深い大阪の地で没した。

これ以前、関東大震災で東京の劇場が軒並み灰燼に帰したとき、大阪に行って中座で「沼津」を約30年ぶりに鴈治郎と共演した。その後は何度か鴈治郎の一座に出演しているが、死亡時の新聞に載った「何も彼も心得ていて、気持ちのまゝに舞台を勤めた、つまり芸に遊んでいた人」（大阪毎日）という鴈治郎の談話は、さすが好敵手をよく知る言葉として印象深い。仁左衛門は稀に見る潔癖症で、舞台にごみが落ちているとかならず拾ったとか、自身の役や共演者が気に入らないと、ずっと後ろ向きで芝居をしたとか、さまざまな奇行で知られていて、そうしたエピソードばかりが持て囃される嫌いがあるが、そうした気性を生涯つらぬき、それでいて名人と評されたのは、みごとな役者人生であったというべきだろう。死の直前、彼は「わしほど結構な者はないなァ」と漏らしたという。

彼自身の舞台数はわずかでも、昭和期の歌舞伎に残した影響は少なくない。かつて文芸作品をいち早く取り上げたことは、二代目左團次の新歌舞伎につながるし、義太夫に精通し（自分で語るのも巧かった）、「堀川」や「吃又」で原作を重視した新演出を作り出したことは、昭和期における六代目菊五郎の仕事の先駆けといえる。

さらに、義太夫狂言についていえば、彼が東京に移ったことによって、東京における義太夫狂言のイメージが、かなり変わったのではないかと私は想像する。「三衛門」共演による「九段目」「賀の祝」「道春館」などは、大正期の歌舞伎座の名舞台に数えられているが、それには、本蔵、白太夫、金藤次といった老け役を受け持った仁左衛門の存在が大きかったのではないか。〝情を語ること〟を本義とする義太夫節には、老人の慈愛、情味というものが一段の核となる作品が多いが、義太夫狂言の滋味あふれる老人役を、彼ほど理想的に描き出す役者は、それまでなかったと思われる。現在、義太夫狂言の味わいと考えられているものは、やはり上方系の血筋を持つ初代中村吉右衛門の残した影響が大きいと思われるが、そのひとつ前に、十一代目仁左衛門の存在があったのだ。

六代目 尾上梅幸

【おのえ・ばいこう】
明治3年(1871)10月15日・生
昭和9年(1934)11月4日・没

名女方六代目尾上梅幸は、五代目尾上菊五郎の養子である。明治44年、帝国劇場が新開場すると、その座頭(ざがしら)の地位に座り、その結果、歌舞伎座の五代目中村歌右衛門とともに女方の座頭が並び立つという、長い歌舞伎の歴史のなかでもきわめてめずらしい、華やかな一時代を生み出した。そうした歌舞伎界での立場を見れば、彼はまさしく頂点をきわめた人である。が、その役者人生の道のりは、多くの苦難や悲劇に彩られてもいた。

梅幸について語られるとき、つねにいわれるのは「紳士」であり「苦労人」という言葉である。その反面、彼は大酒家であり、しかも酔うと酒乱の気があったし、皮肉屋の一面もあったらしい。養父の菊五郎や九代目市川團十郎からきびしく躾(しつ)けられた一流の舞台人としての行儀、嗜み、日常の心がけ。それらを固く守った人格者の顔をつらぬきながら、一方で、深い心の闇と闘い続けた生涯でもあったのだ。

そもそも梅幸は、生家においても養家においても、かなり複雑な家庭環境にあった。母は名古屋の信濃屋という芸者屋の娘。父は尾上朝次郎を名乗る名古屋在住の役者だが、朝次郎には本妻があり、梅幸の母と本当の夫婦ではなかったらしい。ちなみに、この信濃屋に娘分として預けられていたのが、のちに五代目歌右衛門の妻となる玉（子）である。数え年3歳のときに没した父の朝次郎について、梅幸自身は三代目菊五郎の孫と語っているが、確かなところはわかっていない。同じく三代目の孫（外孫）にあたる五代目菊五郎が、名古屋に来演した折に梅幸（本名栄之助）の存在を知り、養子にと懇望。栄之助は東京・新富町の菊五郎家に迎えられ、18年1月、尾上栄之助として初舞台を踏む。

数え年16歳というのは、歌舞伎役者としてはかなり遅れたスタートである。しかも、当初は東京のテンポに合わず、「おんのろ」というあだ名をつけられていたという。青年期の梅幸は、当時の若手花形のなかでもいちばんの美男だったといわれるが、そのスラリとした長身、長い手足も、女方としてはかなり不利だったし、のちには独特の名調子となった声も、元来は太く、しかも訛りがあった。克服すべき悪条件は多かったのである。

しかも、菊五郎家の家庭環境もまた、複雑だった。

五代目菊五郎には、すでに二代目菊之助（新派『残菊物語』のモデル）、栄次郎という二人の養子があった。年長の菊之助は、当時、菊五郎家の後継者とされ、舞台でも活躍していたが、栄次郎は栄之助と年も同じ、養子に入った時期も近かった。血のつながらない両親と兄弟にかこまれた生活。しかも栄之助が初舞台を踏んだ年、菊五郎の浜町の別宅で幸三（のちの六代目菊五郎）が誕生。翌年には英造（のちの六代目坂東彦三郎）も産まれ、いずれも本宅に引き取られた。栄之助の立場は、さらに微妙なものとなったのである。

結局、菊之助は29歳で没し、栄次郎も実家に帰されるなりゆきとなった。栄之助は明治24年に五代目栄三郎を襲名し、菊五郎家の相続人という立場となったのである。

が、それはそれで、きわめて過酷な日々であった。

五代目菊五郎という人は、四六時中、芝居のことしか頭になかった人であり、異常なほどに緻密で凝り性で潔癖症であった。演技の指導がきびしかったのはもちろんのこと、毎夜の夜食の宴は深更まで長時間におよび、その間も話題は芝居の話ばかりだった。梅幸は、ずっとその給仕役、お燗番をつとめたのである。しかし、その辛抱が実を結び、養父の晩年には、その相手役をつとめるまでになっていった。

明治36年2月、菊五郎が没すると、盟友團十郎の采配で、栄三郎は梅幸を、弟の幸三（当時丑之助）は六代目菊五郎を襲名する。梅幸は、法的に相続変更がきわめて困難だったにもかかわらず、八方に奔走し、養父の七回忌までに実子である六代目菊五郎が家督を継承できるようにしたという。六代目が、直接、父の教えを受けた期間はほとんどない。15歳年下のこの弟がひとかどの名優となるまで、陰に陽に面倒を見たのも梅幸だった。

また、五代目菊五郎の没後、梅幸は養父の実弟である初代坂東家橘の養子で、4歳年下の十五代目市村羽左衛門との名コンビを謳われた。しかしそれは、亭主役である羽左衛門を立てながら、じつは羽左衛門をリードする梅幸の陰の力と心がけによって生まれたものだといわれている。「源氏店」、「直侍」、「十六夜清心」、「お祭佐七」、「め組の喧嘩」、「伊勢音頭」など、このコンビによる世話物の傑作は数多いが、お富、三千歳、小糸、お仲、お紺などは、梅幸がすでに五代目菊五郎の相手役として、きびしい指導を受けていたものだった。その経験を、羽左衛門との共演に生かしたのである。

しかし、この最良のコンビは、44年、梅幸の帝劇入りによって分断される。

帝劇は、かつての演劇改良運動の理念をもとに財界主導で生まれた劇場であり、家督継承問題の際など、かねてから福澤諭吉家の恩顧を受けていた梅幸は、その義理堅い性格のため、帝劇からの招聘を受け入れたらしい。と同時に、「私は政岡をつとめる役者として養父に育てられた。しかし、歌舞伎座にいては八汐しかできない」という、役者としての切実な思いもあった。歌舞伎座には先輩の歌右衛門がおり、梅幸は二番手の女方として「先代萩」なら政岡でなく八汐、という役回りだったのである。この帝劇移籍は、つねづね、他人を立てて自己主張をしない梅幸が、不惑を超えて一世一代の賭けに出たものともいえよう。身内や贔屓の反対はもとより、さまざまな誹謗中傷にもさらされながら、彼の決意は固かった。

以後17年、役者としての全盛期を、梅幸は帝劇の座頭として過ごすことになる。

しかし、帝劇は歌舞伎を上演する一方で、女優の育成をおこない、また海外の演奏家や舞踊家の来日公演に使うことも想定した本格的な洋風劇場であった。興行システムの改革や全席椅子席にしたことなど、後続の劇場に先鞭をつけた面もあるが、オペラ劇場のような縦に長い舞台面や洋風の場内装飾、斜めに短くつけられた花道など、古典歌舞伎の上演にはマイナスの要素が多かったのである。梅幸は座頭の責務として、女優劇の男役や、古典歌舞伎でも立役をつとめることが多かった。が、彼の立役はおおむね成功しなかった。

また、その創業理念から、帝劇では新作の上演が多かった。脚本を書いたのは、おもに座付き作者だった右田寅彦で、『黄金五枚』の初、『堀部妙海尼』の妙海尼など、当時、梅幸の当り役に数えられたものもあるが、名作として今日に残る作品は皆無である。

それでも、この時期の梅幸が初演した岡本綺堂の『平家蟹』『両国の秋』『おさだの仇討』などは後世に残ったし、坪内逍遥の作品も進んで上演し、『お夏狂乱』は彼の代表作として現在まで受け継がれている。養父が創演した『戻橋』『土蜘』『茨木』、團十郎の遺産である『船弁慶』『紅葉狩』など、帝劇の雰囲気に適した松羽目物やそれに準ずる舞踊劇もたびたび上演し、後世への規範となった。「四谷怪談」のお岩、「合邦」の玉手御前、「志度寺」のお辻、「身売りの累」など、女方が主役となる古典歌舞伎でも傑作を残している。ことに「四谷怪談」のお岩は、初演の三代目菊五郎以来、音羽屋の家の芸として伝承されてきたものだが、梅幸一代の当り役とされ、今日までその演出が守られているものである。今日さかんに上演されている清元の舞踊劇「かさね」も、羽左衛門とのコンビで梅幸が復活上演したものであった。二代目市川左團次とのあたらしい顔合わせで「四谷怪談」以外の鶴屋南北作品を復活上演し、南北再評価の先駆けとなったことも特筆すべきであろう。

こうして見ると、多くの悪条件の下にもかかわらず、帝劇時代に梅幸が残した足跡はじつに大きい。しかし、彼の本領は、何といっても五代目菊五郎の相手役として徹底的に仕込まれた女房役であった。つねに相手役より一歩下がり、相手役のやりいいように運びながら、あふれるような情味をただよわせる。そうした女方芸の核心をみごとに体現したところに、彼の真価がある。それだけに、最良の相手役である羽左衛門と、長い間離れ離れになっていることを、だれもが残念がった。この名コンビが本格的に復活したのは、昭和5年、帝劇の経営が松竹の手に移ってからである。皮肉にも、それは心血を注いで守ってきた本拠地帝劇の落城という悲運の結果だった。

しかも、このころにはすでに梅幸も年老い、健康を害していた。昭和3年、脳溢血の最初の発作が彼を襲い、6年には再度の変調にみまわれる。そして、9年11月、「源太勘当」の延寿を演じていたとき、三度目の発作を起こして舞台で倒れ、4日後に帰らぬ人となった。通夜の席で、羽左衛門は人目も憚らず大泣きに泣いていたという。

梅幸には二人の息子があったが、長男の八代目栄三郎は、優秀な若女方として注目を集めはじめた矢先、大正15年に26歳で病没。次男の泰次郎も、壮健な青年であったにもかかわらず、昭和2年、面疔ができていたのを気にもせず海水浴をしたところ、にわかに発熱して数日後に19歳で世を去った。将来有望な息子二人を相ついで失ったのも、梅幸晩年の

『与話情浮名横櫛』　お富

悲劇である。ちなみに、栄三郎が没したとき、わずか1歳だったその息子は、昭和4年に九代目栄三郎となって舞台に立ったが、役者としてはほとんど足跡を残さぬまま、19年に中国に出征、病を得て終戦後間もなく漢口で没した。こうして一代の名女方の系累が絶えてしまったことは、何とも痛ましいという気がする。

梅幸には、『梅の下風』『女形の事』という二冊の芸談集がある。いずれも秘事口伝を惜しげもなく披瀝した内容の豊富さと具体性により、歌舞伎芸談の白眉とされ、何度も再刊されて今日の役者たちにとっても必読の書となっている。『女形の事』は、梅幸の没後かなりしてから、劇通・川尻清潭が聞書きをまとめたものだが、『梅の下風』は、雑誌『演藝画報』の昭和2年から4年にかけて掲載された連載を、5年に単行本としてまとめられたものである。それは、芸をゆずるべき息子たちを失った梅幸が、何とか自身の体験を後世に伝えたいという強い思いから生まれたものであった。

血統を継ぐ後継者こそ得られなかったが、この二冊の名著によって、梅幸の芸は、永遠に歌舞伎界の共有財産として残った。戦後第一世代の役者たちは、だれもが梅幸を崇敬し、大なり小なりその恩恵に浴さぬ者はなかったし、前記の当り役の数々においても、現在まで梅幸の演じ方が受け継がれているのである。

初代 中村鴈治郎

【なかむら・がんじろう】
万延元年（1860）3月6日・生
昭和10年（1935）2月1日・没

江戸時代から続いてきた芝居街として、独特の雰囲気を持っていた大阪・道頓堀も、近年は大分様変わりしてしまったが、そのなかで、以前と変わらぬたたずまいを見せる老舗のうどん屋「今井」の入り口に、ひっそりと建つ句碑がある。「頰冠りのなかに日本一の顔」。大正13年、初代中村鴈治郎終生の当り役だった「河庄（かわしょう）」の紙屋治兵衛を詠んだ岸本水府の句である。大阪人が胸を張って〝日本一〟と誇れるもの。それが鴈治郎の舞台すがただった。「お城とガンジロハンは大阪の名物」ともいわれた。十一代目片岡仁左衛門が完全に拠点を東京に移した明治40年代から、自身が没するまでの約30年間、道頓堀において一人天下を張り通したのだから、思えば驚異的な偉業といわねばなるまい。

明治以後、政治の中心は東京に一元化され、関西は〝地方〟となる。しかし、何といっても京都には長い王朝文化の伝統があり、そのお膝元の経済都市大阪にも、その財力を背景とする町人文化の蓄積があった。仁左衛門が、つねに東京を意識し、全国区を狙ったのに対し、鴈治郎は、そうした伝統ある地方文化のなかに踏み止まり、〝大阪の顔〟になったのである。あとわずか時代が下り、戦後になれば、大阪の経済や文化の状況も大きく様変わりするのだが、鴈治郎は〝古き良き時代〟の大阪に身を置き、そこで生涯をまっとうした。結果的に見れば、まことに賢明な処世術だったというべきだろう。

鴈治郎（本名玉太郎）の生家は、大坂・新町の妓楼（ぎろう）扇屋である。新町は、江戸の吉原、京都の島原と並ぶ官許の遊郭で、扇屋はそのなかでも随一の大店だった。その扇屋に出入りしていた歌舞伎役者のうち、嵐珏蔵（かくぞう）が娘の妙と恋仲になり、役者をやめるという条件で入り婿して儲けたのが玉太郎である。しかし、2年後に珏蔵は舞台に復帰、四代目没後の中村歌右衛門家の養子となって三代目翫雀（かんじゃく）となる。

一方、玉太郎は母とともに扇屋に残されたが、明治3年の「遊女廃止令」を受けて扇屋は廃業し、一家の暮らしは次第に苦しくなった。幼い玉太郎は、家計を助けるために呉服の行商をしたり、文楽の人形遣いになったりしたが、世話をする人があり、明治5年、かつて扇屋の贔屓を受けた初代實川延若に入門する。時あたかも旧暦8月15日、月見の宴のさなかに雁の声を聞いた延若は、玉太郎の芸名を「雁（鴈）二郎」としたという。

翌年、初舞台を踏むが、生活は苦しく、そのために「一里場」とよばれる、いわばドサ回りの一座に加わったこともあった。やがて雁二郎は京都の若手歌舞伎に迎えられてたちまち人気役者となり、明治10年、その京都で父・翫雀と17年ぶりの対面をした。その後は父の相続人となって中村姓に改名、同じ舞台にも立ったが、翫雀は14年、41歳の若さで病没。しかし、そのころには、雁二郎も道頓堀の花形役者となっていた。

昭和2年に新聞連載され、没後すぐに単行本として出版された『鴈治郎自伝』などに見られるこうした若き日の経歴は、むろん、事実にもとづくものではあろう。が、どこか小説的というか、芝居がかっている、という気もする。演劇史家の調査によれば、彼の前にも實川雁次（二）郎を名乗る役者はあったらしく、となると月見の宴のくだりは、いささかでき過ぎた話ということになるし、文楽座出演の件も、番付面に名前が出ただけであったらしい。要するに、彼の経歴というものは、本人の頭のなかで、次第にお芝居的に構成されていったものなのではなかろうか。もともと、名家の御曹司ならいざ知らず、彼のように下回りから出発し、将来がまったく未知数だった役者の若いころの経歴が、詳細に記憶されているはずもない。芸名の「ガンジロウ」にしても、明治期には雁二郎をはじめ、雁次郎、雁治郎、鴈次郎など、さまざまな表記があって一定せず、やがて鴈治郎に落ち着くのだが、それは由緒のある芸名でもないから、と本人も気楽に考えていたのだろう。しかし、一方から見れば、鴈治郎は、生前からすでにその経歴が伝説化した役者であり、また、そうした伝説化がいかにも似つかわしい役者だった、ということである。

そもそも、初舞台からわずか5年経つか経たぬうちに、ひとかどの花形役者になったというのは、何といっても異例のこととしなければならない。当時の彼の魅力は、第一に際だった容姿のうつくしさ、第二に進んで新作に取り組む姿勢のあたらしさ、第三に熱のこもった舞台、ということになろう。これは終生、変わることがなかった。

彼は、師匠である初代延若ばかりでなく、中村宗十郎の薫陶（くんとう）も受けた。明治期の関西劇壇は、前半が延若と宗十郎の時代、後半が鴈治郎と仁左衛門の時代、となる。延若は古風な様式美、宗十郎は近代的写実主義という対照的な芸風だったが、どちらも上方の和事芸のすぐれた伝承者だった。鴈治郎一代の当り役となる「河庄」の治兵衛は、二人の型を折衷し、独自の工夫を加えて練り上げたものである。宗十郎は、病気と称して上方和事の代表作「植木屋」の香具屋（こうぐや）弥七を鴈治郎に代役させたりもした。

また、東京で盛り上がっていた演劇改良運動の影響を受け、宗十郎が演じた『千種秋嵯峨月影』（明治20年10月浪花座）にも鴈治郎は出演している。もっとも、このときは写実を狙うあまり、照明が暗くて観客には舞台が見えず、プロンプターは台本が読めないという始末で散々の結果になったというが、この年だけでも鴈治郎は、新聞連載の政治小説を劇化した『雪中梅』や坪内逍遥原作の『当世書生気質』などに出演した。

延若は18年に、宗十郎は22年に世を去るが、仁左衛門、鴈治郎の円熟にはまだ間があり、20年代はじめの大阪劇壇は模索の時代だった。新作が多く上演されたのもそのためで、仁左衛門が例の『谷間の姫百合』を上演したころである。

鴈治郎でもっとも好評だったのは、古典歌舞伎様式で書かれた新作だったようで、「肥後の駒下駄」の高木善九郎（明治20年）、『塩原多助経済鑑』の多助（22年）は出世役とされている。従来の色事師風の二枚目ではなく、純朴で真摯な好青年。しかし、お芝居らしい見せ場はじゅうぶんに盛り込んだ演出という、このあたりに、彼のあたらしさも、また限界もあったのだろう。しかし、その秀麗な容姿と技巧的な演技を生かし、義太夫狂言のような古風な作品でも、このころから当り役が増えていった。

明治23年には半年あまり東京に出演したが、このときはさしたる成果を残せなかった。

以後、鴈治郎は何度も東上しているが、いずれも短期間の出演で、確信ある当り役だけを厳選して演じている。これもまた、彼らしい慎重で賢明な判断ということになろう。

明治30年代に入っても、鴈治郎は新聞小説の劇化や翻案物、戦争物など、相変わらず新作に熱心だったが、本人が思うほど、識者の評価は得られなかったようだ。しかし、39年ごろから本格化した松竹の白井松次郎との提携により、鴈治郎の新作路線は、かなり質的に修正されたと思われる。白井は、かつて鴈治郎の「肥後の駒下駄」を見て、その演技のあたらしさに魅（ひ）かれたというが、彼は鴈治郎の美点を最大限に生かすことを考え、さらに、その結果でき上がったイメージをけして崩さないことに心血を注いだ。はじめに書いたように、このころから道頓堀における鴈治郎の一人天下ははじまり、それは彼の死まで維持されるのだが、それはこうした白井の名采配（さいはい）ぶりに負うところが大きいだろう。

何といっても、鴈治郎の本領は『心中天網島』の紙屋治兵衛、「封印切」の亀屋忠兵衛、「吉田屋（よしだや）」の藤屋伊左衛門など上方和事の系統で、こうした役ではその秀麗な容姿、とりわけ目元の滴（したた）るような色気が最大限に生かされる。そこで、白井が考えた新作は、古い上方歌舞伎に登場する二枚目系の人物の名前を使い、それにあたらしい性格や行動を注入させるといったものだった。『椀久末松山（わんきゅうすえのまつやま）』（明治39年）の椀屋久兵衛、『けいせい恋湖水（こいのみずうみ）』（大

『心中天網島』　紙屋治兵衛

正4年）の稲野屋半兵衛、『あかね染』（同6年）の赤根屋半七などである。「椀久」は大阪毎日新聞で時代小説を連載していた渡辺霞亭、あとのふたつは、新聞記者から松竹の文芸部に転身した大森痴雪の作。霞亭には、近松門左衛門の浄瑠璃を鴈治郎向きにアレンジした『碁盤太平記』（明治36年）、同じく義士伝物の『土屋主税』（同40年）などもあり、痴雪は菊池寛原作の『藤十郎の恋』を鴈治郎が初演したときの脚色も担当した。これら六篇は、のちに制定された「玩辞楼十二曲」に選ばれている。

一方、古典の演目でも、これまでは老若男女、あらゆる役柄を演じていたが、この時期以後はほぼ立役に絞り、それも老け役や敵役は演じない、という方針をつらぬいた。「十二曲」に選ばれた古典作品は、前記の紙屋治兵衛（「河庄」と「時雨の炬燵」を別々に数える）、忠兵衛、伊左衛門という和事系の四役。それに、彼が復活上演してあらたに演出を作った「引窓」の南方十次兵衛。あとは「大晏寺堤」の春藤治郎右衛門を加えた六曲である。当り役であっても、ほかにも得意とする人がいるものは加えなかったとする。これに該当するのは「石切梶原」の梶原景時、「盛綱陣屋」の佐々木盛綱、『競伊勢物語』の紀有常など時代物の捌き役、「植木屋」の弥七、「伊勢音頭」の福岡貢など典型的な上方和事の役などであろう。市川團十郎写しの「熊谷陣屋」の熊谷直実、五代目尾上菊五郎の指導を受けた「寺子屋」の武部源蔵、ほかに「忠臣蔵」の早野勘平、「吃又」の又平なども、好んで演じた役々である。「吉野川」の久我之助、『絵本太功記』の武智十次郎、「三代記」の三浦之助などの前髪役でも、いつまでも瑞々しさを失わなかったし、例外的に演じた敵役である『敵討天下茶屋聚』の東間三郎右衛門の壮麗な〝悪の華〟も高い評価を得た。

ひっくるめていえば、これらの役の魅力は、彼のたぐい稀な〝風姿の美〟にいき着く。古典演目にふさわしからぬ末梢的写実癖や熱心さのあまりのオーバーアクションを指摘されながら、結局、観客は秀麗な容姿と、そこから醸し出される風情、色気、オーラといったものに心酔してしまうのだった。

こうして、明治末から昭和にかけての鴈治郎は、持ち味に適った新作を初演し、再演を重ねるとともに、古典の当り役をくりかえし演じる形で、その評価を不動のものにしていった。昭和9年1月の中座で演じた「円塚山のだんまり」の犬山道節は、百日鬘に四天の衣裳という古風で魁偉な扮装が、さながら生きた錦絵で、花道の引っ込みでは観客が総立ちになったという。そしてその年、12月の南座の顔見世では、75歳にして前髪役の三浦之助をつとめた。

しかし、このころには、すでに癌が進行しており、3日目から休演。2ヶ月後に没した。

ライバルの仁左衛門は年齢も上であり、晩年はほとんど舞台に立たなかったのに対し、鴈治郎は最後まで前髪の似合う若さを維持し続けたが、その二人が、わずか4ヶ月弱の間に相ついで没することになったのも不思議な結末である。

鴈治郎は洋画にもくわしく、『肉体の道』におけるエミール・ヤニングスの演技に心酔して大正15年の『室津の歌』（大森痴雪作・のちに『望の港』と改題）の西屋金五郎役に応用する、ということもあった。しかし、彼のあたらしがりは、たとえば二代目市川左團次が岡本綺堂や真山青果の作品で示したような、真の意味での近代性ではなかった。従って、彼の持ち味にそって作られた新作が、結果的に大阪の芝居の近代化を遅らせたという評価もあるし、鴈治郎一辺倒の興行政策が、後続の役者の成長を阻害したという面もあろう。武智鉄二のような、当時気鋭の若手評論家は、そうした点を痛烈に批判した。しかし、逆にいえば、ここを突破しなければあらたな時代は拓けないと彼らに思わせるほど、その存在は強固で大きかったということである。

初代鴈治郎と時代をともにした大阪人は、みなそろっていい夢を見た、というべきだろう。

四代目 澤村源之助

【さわむら・げんのすけ】
安政6年(1859)3月14日・生
昭和11年(1936)4月20日・没

片岡仁左衛門、尾上梅幸、中村鴈治郎など、劇界の頂点をきわめた人たちとはまったく異なるスタンスをとりながら、同じ時代にあって鮮烈な印象を残した役者がいる。四代目澤村源之助。「田圃(たんぼ)の太夫(たゆう)」の通称で知られた人である。

太夫というのは、この場合、最高位の女方に与えられる尊称である。しかし、当時にあっては、すでに古風な言い方で、源之助以外に太夫とよばれた人はいなかった。田圃は、すなわち浅草田圃。浅草寺の背後から吉原へとつながる一帯で、これは源之助の居住地をさしている。この愛称には、いかにも庶民派のスターといったニュアンスが感じられよう。

源之助が得意としたのは、幕末の頽廃的(たいはいてき)な世相が生んだ〝悪婆(あくば)〟とよばれる女たちである。切られお富、蟒お由、妲妃のお百、蝮のお市、鬼神のお松、またかのお関など、いずれもしゃれたよび名を持っているが、婆といっても老女ではない。年増ざかりといった年ばえの、粋でキリリと引き締まった、いわゆる〝小股の切れ上がった女〟である。鉄火肌で豪胆で、涼しい顔で大の男を殺したりするが、主人や愛人のためにつくすやさしさ、可愛らしさも持っている。当時、こうした女たちをよぶのに「源之助張り」という言葉さえあった。

残された写真で見ても、こうした役における源之助の風貌は印象的だ。ついでにいえば、魚屋宗五郎、髪結新三など、五代目尾上菊五郎写しの立役でも、十五代目市村羽左衛門や六代目菊五郎の近代的な風貌に対し、ちょっと末枯れたような味わいのなかに、爛熟した江戸の〝粋〟を感じさせる。さらに、源之助独特の美貌がもっとも映えるのは、弁天小僧やお嬢吉三、『都鳥廓白浪』の傾城花子実は松若のような、両性具有的な役である。

もっとも源之助も、はじめから悪婆系の役どころを得意としていたわけではなかった。

安政6年3月14日、大坂の生まれとされているが、両親に関しては謎である。幼くして三代目源之助の養子となったが、ほどなく養父が没したため、当時、澤村一門のトップにいた二代目訥升（のちの四代目助高屋高助）を頼って上京した。訥升は、脱疽のために両手両足を失いながらも舞台に立ち続け、33歳で狂死した悲運の天才女方、三代目田之助の兄である。幕末期の女方にふさわしく、田之助も悪婆役を得意とした。切られお富、蟒お由などは、田之助が初演したものである。

一方、東京には、三代目の実子で義理の姉にあたる塙芳野（はなわ）がいた。日本の写真界の草分けとされる北庭筑波（新派の名優伊井蓉峰の父）の弟子で、女性写真家第一号となった人である。当時、もっともハイカラな世界。その傍ら（かたわ）に源之助がいる時代があったのだ。

塙芳野は、新富座の近くで写真館を開き、役者のブロマイドも作成していた。新富座といえば、團菊をはじめとする当時一流の役者を独占し、時代の最先端をいく劇場である。やがて源之助も、その新富座に出演することになるが、その際だった美貌と伎倆はほどなく注目を集め、團菊の相手役にも使われるようになった。とりわけ世話物を得意とする菊五郎には、たびたび抜擢され、明治23年には「め組の喧嘩（けんか）」の初演で辰五郎の女房、「直侍（なおざむらい）」で三千歳（みちとせ）と、いずれも菊五郎の相手役をつとめて好評を博している。菊五郎の島蔵、初代市川左團次の千太という「島衛（しまちどり）」で弁天お照をつとめたのもこの年であった。

そうした源之助の人生が急変したのは、翌年、新開場した三崎座に買われ、切られお富などを演じてからである。当時、三崎座のような小芝居（こしばい）に出演した役者は、容易に大歌舞伎には戻れないというきびしいしきたりがあった。そこで彼は5年間を大阪で過ごす。帰京後、すぐに市村座で演じた「鈴木主水（すずきもんど）」の白糸は、新宿の女郎という役だけに大好評だったし、『侠客春雨傘』の初演（30年）では、九代目團十郎の指名でわざわざ歌舞伎座に招かれ、丁山を演じている。が、以後はほとんど小芝居を渡り歩くような境遇になったのである。

人はこれをつまずきという。だが当人は、当時大歌舞伎ではほとんど忘れられていた「切られお富」のような芝居を、座頭（ざがしら）格でのびのびと演じられる境遇に、あらたな誘惑を感じたのではないか。実際、これ以後、悪婆系の役をつぎつぎと初演していくのである。

自身も語っているが、源之助にいちばん大きな影響を与えたのは五代目菊五郎だろう。また、悪婆系の役柄は、直接、田之助に接した経験のほか、田之助の身近に長年いた市川三すじという役者から教わったという。しかし、結局のところ、彼ははっきりとした師匠を持たぬまま、天性の資質で、自然にでき上がってしまった役者であった。美貌、歯切れのよいせりふ廻し、ちょっとした仕草にも〝江戸〟を幻視させる粋な身のこなし。それらの集積が特異な当り役を生み出した。その意味で、小芝居に出ている方が、芸の苦労も少なくてすんだのかもしれない。

『侠客春雨傘』　傾城丁山

明治末から大正期にかけて、宮戸座がすっかり彼のホームグラウンドとなった。宮戸座は浅草の観音裏にあり、当時、小芝居のなかではいちばん格の高かった劇場である。この時代の源之助は、七代目澤村訥子と並ぶ浅草のスターだった。

しかし、関東大震災後の小芝居の衰微により、源之助も歌舞伎座などの大歌舞伎に復帰することになる。そこでは、ちょっと出る老け役や脇役に回ることが多かったが、それでも圧倒的な存在感で舞台を引き締めた。昭和2年、木村錦花の新脚本で上演された『梅ごよみ』の芸者政次で見せた江戸前の味わいなどが、晩年の栄光といえるだろう。かつて白糸役で当りを取った「鈴木主水」の通人が最後の役となった。

彼の得意とした悪婆系の役々は、戦後、九代目澤村宗十郎が積極的に手がけたが、これから先、継承者があらわれるかどうか。これは、かなりむずかしいといわねばなるまい。ただ、今日でも源之助の型が残っている役が「夏祭(なつまつり)」のお辰(たつ)である。最後に花道を引っ込むとき、「こちの人が好くのはここじゃない(と顔を指し)、ここでござんす」と胸をポンと打つ、あれが源之助の型である。

舞台の当り役とは裏腹に、素顔の源之助はごくおだやかで謙虚な人柄だったという。新派の『明治一代女』のモデルになった花井お梅との関係など、艶聞(えんぶん)は多かったが、そうした女性関係の話題を振られても、彼は一切語らなかったらしい。

『演藝画報』の編集者安部豊が採取した晩年の芸談「青岳夜話」は、木村富子の『花影流水』のなかにおさめられ、さらに戦後、佐藤靄子の『澤村源之助』に再録されている。

七代目 市川中車

【いちかわ・ちゅうしゃ】
万延元年（1860）2月27日・生
昭和11年（1836）7月12日・没

七代目中車は、九代目市川團十郎門下の高弟であり、明治36年、團菊が相ついで没した直後は、しばらく歌舞伎座の座頭的立場にもあった人である。その後、五代目歌右衛門が技芸委員長になると副将格に退き、役どころも脇役が多くなった。本領は立役で、しかも主役級の華やかな役よりも、渋い中老年の役とか武骨な役が似合う持ち味から、自然、そうした立場になったのである。「忠臣蔵」でいうと、「四段目」の石堂につき合えば絶品、師直も立派だが、由良之助や勘平では物足りず、平右衛門は似合いそうでいて派手さがない、ということになる。座頭格の当り役といえば、「寺子屋」の松王丸、「逆櫓」の樋口兼光、「先代萩」の仁木弾正、「袖萩祭文」の安倍貞任といった時代物の剛毅・魁偉な役が、まずあげられよう。ことに「馬盥(ばだらい)」や『絵本太功記』などの武智光秀は定評があり、「光秀役者」の異名をとったほどである。残された写真で見ても、光秀や仁木の叛逆者らしい凄(すご)み、スケールの大きさはすばらしい。その分、世話物や舞踊はあまり得意でなかった。そのため、師匠ゆずりの歌舞伎十八番の『勧進帳』の弁慶は持ち役にせず、榎本虎彦にあたらしく『安宅関(あたかのせき)』を書いてもらって、踊らない弁慶を作った。この作品は、辛うじて現行レパートリーのなかに残っている。

こうしてみると、一見、芸域が狭いようだが、じつは彼ほど古典歌舞伎におけるさまざまな古人の型を知り、老若男女、あらゆる演技に通じている人はなかった。十五代目市村羽左衛門には盛綱を教え、十三代目守田勘弥や初代中村吉右衛門には一条大蔵卿を教え、六代目尾上梅幸には女方の玉手御前を教え……とこの種の話は限りがない。師匠の團十郎にすら、「碇知盛(いかりとももり)」入水のくだりのコツを伝授している。

こうした稀に見る博識は、むろん、彼の几帳面な性格や博覧強記によるものでもあるが、何よりも、若き日の経歴がもたらしたものだった。

中車(幼名亀次郎)の父、松村久五郎は京都の質屋の息子だったが、亀次郎が生まれたころには、博徒として相応の顔になっていた。長谷川伸が戦後に発表した小説『足尾九兵衛の懺悔』は、この人をモデルにしたものだが、当時の博徒の生活が活写されて、まことに興味深い。同時に、これは中車の経歴を補うものでもある。ちなみに、ここでは亀次郎（小説のなかでは為次郎）の生年が、じつは通説より一年早い安政6年だったと語られている。

それはともかく、亀次郎は5歳のころに伏見の芝居で初舞台を踏み、翌年、一家が大坂に移住したことから、二代目尾上多見蔵の弟子となって尾上当次郎を名乗る。旅芝居の一座にも加わって、あらゆる子役を経験するとともに、周囲の大人の役もすべて覚えたという。明治4年、一家はさらに名古屋に移り、数え年12歳の当次郎は、当地の名優中山喜楽の客分となって中山鶴五郎と改名。名古屋周辺は子供芝居がさかんな土地で、鶴五郎もそうした一座に加わり、のちには座頭となって、ここでもまた多くの芝居を覚えた。同9年、子供芝居の仲間を語らって、はじめて東京の土を踏む。ちなみに、このとき、行動をともにした一人が、のちに四代目源之助と並ぶ浅草の小芝居のスターとなった七代目澤村訥子である。

東京では、いくつかの小芝居に出演。その後、一旦名古屋に帰るが、あらためて12年7月の猿若座に出演することになる。このとき、座元十三代目中村勘三郎が預かっていた八百蔵の名をゆずられ、七代目となった。八百蔵は市川一門のなかでも由緒ある名跡（中車

『絵本太功記』　武智光秀

はその俳名）である。すなわち、ここではじめて、彼は市川一門に名を連ねたわけである。
梅幸、鴈治郎、源之助らのように、当時の名優には立志伝中の人というべきタイプも多かったが、そのなかでも、中車の経歴はひときわ異彩を放つ。彼の豊かな古典歌舞伎の素養は、まさにこの経歴から生まれたわけだが、このような役者が全国から集まって腕を競い合ったところに、当時の歌舞伎界の層の厚さがあった、ともいえよう。

八百蔵が最初に認められたのは明治21年4月市村座の「里見八犬伝」の網干左母次郎で、浜路を口説いて殺すくだりのうまさに、團十郎が感心したという。続いて、出世役となったのが、24年4月歌舞伎座の『出世景清』で、團十郎の景清に対する源頼朝。古劇のみならず、こうした團十郎のはじめた活歴物においても立派に相手役がつとまることを証明したのである。この抜擢には、同門の先輩たちからかなり異論が出たらしいが、このとき強く八百蔵を推したのが河竹黙阿弥だった。その後、五代目菊五郎にも「四谷怪談」の伊右衛門に名指しされるなど、彼の実力は広く認められるところとなった。

團十郎在世中は、真砂座などの小芝居にも出演し、自身で盛綱も玉手も演じているが、歌舞伎座の幹部になってからは、前記のように役どころは限定されていった。大正元年、いち早く松竹の専属になったのは、そうした処遇に不満もあったのかもしれない。だが、うべきであろう。

結果的に松竹が歌舞伎界を制覇し、大顔合わせの興行が打たれるようになると、彼のそうした確固たる領分が、いっそうの光を増すこととなった。線の太い立役に徹し、師匠ゆずりの活歴物も演じたが、そうしたいき方が役どころを狭めたという意見もある。しかし、「鎧（よろい）を着せれば日本一」とか、「裃（かみしも）を着て刀を二本差したすがたでは右に出る者がない」といった評価がされたことは、最高の名誉といわねばなるまい。何でもやればできる人が、自分の〝仁（にん）（生来の資質）〟にもっとも適した役だけを演じる醍醐味。思えば贅沢な時代であった。

同門の二代目市川段四郎の次男を芸養子とし、大正7年、八百蔵の名をゆずって自身は俳名の中車を芸名とした。最大の当り役だった『絵本太功記』の光秀の型は、この芸養子（のちに八代目中車となる）や十三代目片岡仁左衛門に伝えられ、仁左衛門からさらに五代目中村富十郎に伝わったが、今、この型で演じる人が絶えてしまったのは残念である。

中車の芸談には、川尻清潭編の『名優芸談』におさめられた「目黒芸話」があり、のちに再編集され、『中車芸話』として単行本になった。芸に関する話もさることながら、幕末・明治の関西や名古屋の芸界の様子や役者たちに関する話など、演劇史、風俗史の史料としても貴重である。その内容の豊富さは、六代目梅幸の諸書と並ぶ芸談中の白眉ともいうべきであろう。

二代目 市川左團次

【いちかわ・さだんじ】
明治13年（1880）10月19日・生
昭和15年（1940）2月23日・没

二代目市川左團次は、大正から昭和前期の歌舞伎史において、重要な位置を占める存在である。それでいて、彼は後にも先にも類例のない、異色の歌舞伎役者だった。

『演藝画報』の追悼特集（昭和15年4月号）のなかで、河竹繁俊は故人の業績として

一、明治座の興行制度に大革新を断行した左團次氏
一、自由劇場を敢然として実現した左團次氏
一、演劇の国際的進出に貢献した左團次氏
一、新歌舞伎のジャンルに率先し、これを確立した左團次氏
一、古典歌舞伎の復活上演に寄与せんとした左團次氏

と列記しているが、これに「歌舞伎界で最初に欧州視察をおこなった左團次氏」を加えれば、現在まで引き継がれている辞書的解説のパターンはつくされる。つまり、その人生のすべてが創造と革新の連続であった。だがその分、古典歌舞伎では取り立てていうほどの当り役がない。歌舞伎の名優として、こんな異例の存在はいないだろう。

父は初代左團次。これまで「團菊」というよび方はたびたび使ってきたが、明治期を代表する名優をよぶ言葉として、もうひとつ「團菊左」という言い方もあった。「左」はすなわち初代左團次である。もっとも、この初代も、かなり異色の役者であった。彼が初演した当り役で、現在まで残っているものは少ない。初代中村吉右衛門の新演出によって再生した「籠釣瓶（かごつるべ）」の次郎左衛門を別にすると、「丸橋忠弥」と「大盃」が、辛うじて現行演目のリストにふくまれるのみである。これらはすべて、男性的な線の太さや激しい立ち回りを特色とするものだが、そこに、当時は圧倒的な大衆の支持があったのだ。

明治26年、初代左團次は旧千歳座を明治座として再開場させ、座主となる。そして、ここを本拠地と定めて、一族一門だけの一座で芝居を続けた。それを可能にするほど、初代の人気は高かったのであろう。が、息子の二代目（初名ぼたんから小米（こよね）、さらに莚升（えんしょう）と改名していた）としては、そうした一座で伝統的な歌舞伎芸を学ぶためのよき指導者を得ることはむずかしかった。そもそも、彼は子供のころから学究肌で芸事が嫌いだったし、父もまったくの放任主義で、手を取って息子に教えるようなことは、ほとんどなかったという。

しかも、この一座は毎興行ごとに新作を上演し続けた。その創造意欲は立派といいたいところだが、それらは駄作ばかりで、後世に残ったものはない。ただ注目されるのは、劇評家で劇作、演出、研究など多くの活躍をした松居松葉（しょうよう）（のちに松翁）の作品を取り上げたことである。結果的に松葉の『悪源太（あくげんた）』は、一般の文学者の書いた戯曲が歌舞伎で上演された最初のもの、ということで、後世の演劇史に特筆大書されることになった。

明治36年の團菊の死に続き、翌37年にはその左團次も没。歌舞伎界には、大きな転換期が訪れていた。「おやじが死んだら役者をやめる」と言っていた莚升も、明治座の経営と父の一座の進退を一身に担う宿命となったのである。

39年、莚升は二代目左團次を襲名。この披露興行は、さすがに亡父の余光で大入りをおさめ、その純益で彼は約8ヶ月に及ぶ欧州視察の旅に出る。役者の渡欧というと、川上音二郎らの先例はあるものの、保守的な歌舞伎の世界では前代未聞の出来事だった。この〝歌舞伎界、初〟という快挙が、のちのちまで彼の大きな心の支えとなったと思われる。この旅は、すでにヨーロッパの演劇界に通じていた松居松葉がいっさいの世話をした。

帰国後の41年1月、左團次と松葉は、上演する芝居の中身のみならず、劇場の諸制度に西洋にならった大胆な改革を施す「改革興行」を敢行する。しかし、これは既得権を失った従業員たちの猛反対に遭い、観客の反感まで引き起こすみじめな結果となった。この責任を負って松葉はしばらく逼塞、かわって左團次の支えとなり、ブレーンとなったのが、岡鬼太郎、岡本綺堂、小山内薫、木村錦花らである。

鬼太郎は、辛辣だが公正、的確な名評で知られる劇評家だが、改革興行の際に明治座に入り、松葉が去った後の始末をつけ、その後も上演する脚本の選定など左團次のマネージメントをした。その一方で、左團次が復活上演した歌舞伎十八番の成功作として今日まで人気の高い『毛抜』『鳴神』の台本作成に携わり、劇作家として『今様薩摩歌』のような名作を、左團次のために書き下ろすなど、その陰の功績は甚大だった。

小山内薫とは、10代のころから鶯亭金升門下の雑俳仲間だったが、西洋演劇研究を志す小山内と、42年に旗揚げしたのが、新劇の先駆けとされる「自由劇場」である。第一回公演で取り上げたのは、イプセンの『ジョン・ガブリエル・ボルクマン』だったが、この公演で評価されたのは、〝演劇的成果〟よりも、同時代の西洋の脚本をいち早く紹介したという〝文芸的成果〟だった。のちのちまで、左團次が脚本を絶対的に尊重し、たとえ不備な作品であっても、自儘（じまま）に手を加えるということをしなかったのは、このときの体験によるところが大きいのだろう。何しろ、せりふを間違えると、もう一度いい直したというくらい、その姿勢は徹底していた。こういう歌舞伎役者も類例がない。

2年後、32歳で演じた『修禅寺物語』の夜叉王は、劇作家岡本綺堂との本格的な提携の契機となった記念作だが、このとき、左團次はボルクマンの体験を生かして老人らしい外見を作ることにこだわらず、夜叉王の精神を描き出すことに徹して成功した。

こうして左團次は、以後、後世に残る新歌舞伎の名作をつぎつぎと初演するかたわら、純粋な実験の場としての自由劇場も継続していくことになる。本公演でも『鈴の音（ベルス）』『ヴェニスの商人』『ジュリアス・シーザー』『オセロ』『夜の宿（どん底）』などを古典歌舞伎と並べて上演しているのは、驚くべき英断だが、興行の責任を持つプロの役者としては、商業演劇としても売り物になる新脚本を取り上げることが大きな仕事だった。

『名月八幡祭』『男達（おとこだて）ばやり』の池田大伍や前記の岡鬼太郎など、彼のために脚本を提供した作者は数多いが、なかでも岡本綺堂との提携は群を抜いていた。『修禅寺物語』と同じ明治44年の『箕輪（みのわ）の心中』、大正2年の『室町御所』、3年の『佐々木高綱』、4年の『鳥辺山心中』、5年の『番町皿屋敷』と、この時期、今日なお歌舞伎のレパートリーに残

『佐々木高綱』　佐々木高綱

る作品が毎年のように初演されていくさまは圧巻である。

左團次は大正元年、明治座を処分して松竹の専属になっていたが、こうした新作の多くは、当時ホームグラウンドとした本郷座で初演された。帝大に近いためもあって、左團次の芝居は当時のインテリ層の絶大な支持を得たのである。脇役のすみずみまで左團次の精神がいき渡り、手抜きのないアンサンブルの取れた芝居をすることで定評のある一座を作り上げていたことも、左團次の新歌舞伎が成功したひとつの理由であろう。

こうして、大正7、8年ごろには、その人気はピークに達していた。一から作り出したあたらしい演技術も、ようやく円熟期を迎え、たとえば若いころには一本調子と非難されたせりふ廻しも、独自の名調子とたたえられるようになったのである。小手先の技巧を弄さずに精神を重んじるその演技術は、自然、彼をスケールの大きい役者にした。当時、歌舞伎座の座頭（ざがしら）だった五代目中村歌右衛門は、女方ながら飛び抜けた貫禄を備えていたが、左團次だけは歌右衛門に匹敵するといわれている。彼が登場すると「大統領」のかけ声がかかった。「左團次が出勤する座はどこも大入り満員になる」ともいわれた。

しかし、そうした彼のすがたに、かつての清新の気の薄れたことをなげく声もあった。

大正10年、左團次は「七草会」を発足させる。いわば、彼が演じるにふさわしい脚本を推薦するブレーンの集まり、というのが、そもそもの趣旨であったが（費用は松竹が負担した）、会員たちの自由な雑談を、左團次がにこにこしながら聞いている、という雰囲気の会でもあったらしい。しかし、この会が左團次のつぎなるステップを生んだことは確かだろう。翌11年、左團次は京都・知恩院で「野外劇」という一大ページェントを敢行するが、それをサポートしたのも、この七草会のメンバーだった。その顔ぶれは永井荷風、小山内薫、岡鬼太郎、岡本綺堂、山崎紫紅（劇作家）、松居松葉、池田大伍、吉井勇、川尻清潭、木村錦花ら。当時、歌舞伎の周辺に、これだけの人材が集まっていたということは、じつに羨望を禁じ得ない。と同時に、それらの人々を自分のブレーンに取り込んでいた左團次の力というものを、あらためて感じさせる。

昭和3年、左團次とその一座は、ソ連を訪れて公演をした。歌舞伎の最初の海外公演である。前年、ソ連建国十年祭に招かれた小山内薫が、歌舞伎の招聘（しょうへい）を打診されて左團次に声をかけ、かねて海外進出を考えていた松竹も全面協力をして挙行されたものであった。古典が苦手とされていた左團次が、今や日本を代表して外国へ歌舞伎を紹介する立場となったのである。

一方、昭和初期は、岡本綺堂から真山青果との提携に移る過渡期だった。

前にあげた作品以後も、綺堂は『尾上伊太八（おのえいだはち）』（大正7年）、『新宿夜話』『相馬の金さん』（昭和2年）などを左團次のために書いたが、昭和以後、めぼしい作品は少なくなる。

綺堂が左團次のために書いた役の多くは、若く純粋な心を持った江戸の直参（旗本や御家人）で、泰平の世に飽きはてて無頼のふるまいに明け暮れたり、命懸けの恋に身を焼きつくしたりするといった設定である。それは、左團次の持ち味にぴったりだった。岡鬼太郎は「江戸っ子になれるのは左團次と菊五郎（六代目）だけ」と言ったというが、菊五郎が、いなせな仕事師や小悪党など、下町の江戸っ子を得意としたのに対し、左團次の場合は洗練された都会人、というニュアンスであろう。

それに対し、青果が左團次のために書いた役の多くは、歴史上の英雄であった。

その代表例として、現在もさかんに上演されているのが、『江戸城総攻（そうぜめ）』三部作（左團次の役は『江戸城総攻』の勝海舟、『慶喜命乞（よしのぶいのちごい）』の西郷隆盛、『将軍江戸を去る』の徳川慶喜）、『元禄忠臣蔵』の連作（左團次は浅野内匠頭と大石内蔵之助のほか、死の前月に初演された『御浜御殿』の徳川綱豊卿を演じた）であるが、このほか左團次は青果の筆で楠正成、頼山陽、福澤諭吉、江藤新平、さらには東郷平八郎や乃木希典まで演じている。

それは、綺堂と青果の育った風土の違いということでもあるだろう。が、そうした英雄譚が好まれる時代であり、それを演じるには「大統領」の左團次がもっとも適任、という事情もあった。訪ソ公演をおこなったことに対する国粋主義者からの非難をかわす意味もあったようだ。しかし、結局、青果が左團次に書き下ろしたもので、今日まで残った作品というと、前記の『江戸城総攻』と『元禄忠臣蔵』を除くと、『頼朝の死』と『天保遊侠録』ということになろう。綺堂と青果でタッチは違っても、やはり青春の苦悩や江戸っ子の気風を描いたものが、左團次も生き、作品もすぐれたものとなったのである。

晩年の左團次には、第二次自由劇場を旗揚げする、という希望があった。それが、結局陽の目を見なかったのは、〝自由〟などという言葉が許されない時世のためもあるが、ひとつには、かつてのようなブレーンを得ることができなかったためである。昭和6年、「七草会」にかわるものとして、さらに若い世代を集めた「十日会」を発足させてみたが、彼らの才能の問題もあり、この会が生み出した成果は乏しかった。

大正期の本郷座に対し、昭和期に本拠地としたのは、5年に開場した東京劇場だった。はじめは歌舞伎座とかけ持ちもしたが、ついにはそれも断って、ひたすら東劇における自分の一座で新作を演じ続けたのである。その意欲は偉とすべきだが、これまであげた青果の作品以外に、これといった収穫はなかった。

長くその一座にいた三代目市川寿海は、そんな左團次を「いつも黙々として何かを考えていた孤独の人でした」（『寿の字海老』）と語っているが、松居松葉の息子の桃樓（とうる）は、元来、左團次はわがままな人だったと言っている（『市川左團次』）。それは、小さいころ世話をした乳母がむやみに甘やかしたのが原因だというが、いやしくも先覚者たるもの、人が何と言おうと自説を押し通す信念がなければならないだろう。だが、芝居は一人ではできない。そのことを、小山内薫は「それ程君は芝居国での『寂しい人』だった」と言った（『俳優評伝左團次の巻』序文）。先覚者の孤独と寂しさ。それに堪え抜いて、左團次は日本の演劇（歌舞伎に限らず）のために、さまざまな先鞭をつけたのである。

二代目 市川松蔦

【いちかわ・しょうちょう】
明治19年（1886）9月23日・生
昭和15年（1940）8月19日・没

二代目市川左團次がほかに類例のない歌舞伎役者だったように、終生、その相手役をつとめた二代目松蔦も、それまでに類例のない女方だった。古典歌舞伎に当り役がなかったことは左團次と同じ。そのかわり、左團次が評判を取った新歌舞伎では、つねに相手役を好演して、その成功の一翼を担った。私生活でも、左團次の妹（初代松蔦）と結ばれている。

得意とした役ばかりでなく、そもそも彼は外見や雰囲気、持ち味においても、従来の歌舞伎の女方には、まったく見られないタイプだった。

男の役者が女性の役に扮する「女方」には、どう、技術でカバーしても、何がしかの不自然さ、見る人によってはグロテスクとも受け取られかねない要素がある。江戸時代の女方はそれを逆手に取って、「妖」という文字に象徴されるような、独特の味わいを醸し出した。幕末から明治前期にかけて、最高位の女方だった八代目岩井半四郎も、美貌の人だからグロテスクという印象は希薄だったが、それでも隠微、妖艶というような、江戸の女方の味わいは残していたのである。

その半四郎が没すると、かわって登場したのが五代目中村歌右衛門である。彼は、玲瓏玉のごとき気品にあふれた、あたらしいタイプの女方だったが、古典歌舞伎においても卓抜した演技を示した。古典歌舞伎、とりわけ義太夫狂言の〝姫〟や〝片はずし〟などの役々には、男性の役者ならではの量感が必要である。気品と美貌に隠されていたが、グロテスクとも一脈通じるそうした分厚さを、歌右衛門は備えていたのである。

その点松蔦は、女方の不自然さも分厚さも妖艶さも、まったく感じさせない人だった。その持ち味はあくまで清楚、可憐でしおらしく、それでいて理知的、情熱的でもある。声も鈴虫の鳴き声のようにうつくしく澄んでいじらしく、その外見とぴったり調和していた。昭和3年、左團次の訪ソ公演に同行したとき、現地の観客たちは松蔦の舞台を観て、どうしても男だとは信じなかったという。こうした女方が歌舞伎の世界に出現した衝撃。それは、戦後、坂東玉三郎が登場したときの衝撃と、共通するものがあったと思われる。

歌右衛門と松蔦。この二人のあたらしいタイプの女方は、21歳の年の差があるが、奇しくも同じ昭和15年に没した。歌右衛門については、次項であらためて書くことにする。

松蔦は、新宿遊郭の妓楼の子であった。幼いころから女性たちにかこまれて育ち、踊りの稽古などをしていたところから、役者にあこがれ、伯父が明治座に勤めていた縁で初代左團次の弟子となった。このことが、良くも悪くも、役者としての彼の一生を決定づけたといえよう。

良かったのは、左團次の一門が比較的小ぢんまりとした、しかし単独で公演を打つ一座だったことである。だからこそ、松蔦や六代目寿美蔵（のちの三代目寿海）のように、門閥がなくても才能のある役者が頭角をあらわす余地があったのだ。これを継承し、さらに磨き上げた二代目左團次の一座で、彼は立女方の地位を獲得する。先輩の初代澤村宗之助が、明治44年に開場した帝国劇場に引き抜かれたことも、松蔦にとっては好機だった（左團次の『鳴神』で、雲の絶間姫は松蔦の持ち役だったが、初演のときはこの宗之助である）。そして、左團次の演じた新歌舞伎の作品が、相手役である松蔦の持ち味にもぴったりはまり、いわば二人は持ちつ持たれつの関係となったのである。

一方、悪かったのは、この一座では古典歌舞伎の女方芸を学ぶよきお手本が得られなかった、ということになる。

左團次の項で名前をあげた新歌舞伎の作品に即して見ていくと、明治44年の『修禅寺物語』では、先輩の寿美蔵が桂をつとめ、松蔦は妹の楓。『箕輪の心中』でも、ヒロインの綾衣は客演の四代目澤村源之助で、松蔦は寿美蔵とお米・十吉の若いカップルの方を演じている。

それが、大正2年の『室町御所』では多門で絶賛を浴び、4年『鳥辺山心中』のお染、5年『番町皿屋敷』のお菊で、その立場は不動のものとなった。当時、左團次の新歌舞伎の多くが本郷座で初演され、帝大生をはじめとするインテリ層に絶大な支持を得たことはすでにふれたが、その一翼を担ったのは松蔦の人気であった。当時「松蔦のような女」という言葉が、学生の間で交わされるほどの熱狂ぶりだったという。

東大教授だった穂積重遠は、父の陳重から続く法学者の家系で、同時に一家そろっての芝居好きだった。あるとき、謹厳そのものの父陳重が松蔦のお染を観て「本当にこういう女がいたら、心中しても宜しいよ」と息子たちに言ったので驚いた、と回想している（『歌舞伎思出話』）。むろん、これは父のユーモアだが、明治初年から歌舞伎を観続けてきた劇通にも、そのお染はよほど新鮮で魅力的だったのだろう。

『鳥辺山心中』　遊女お染

以後も、綺堂物では『尾上伊太八』の尾上（おさよ）、『新宿夜話』のお蝶、『相馬の金さん』の文字若などがあり、鬼太郎の『今様薩摩歌』のおまんも傑作のひとつに数えられている。昭和期の青果作品でも、『唐人お吉』のお吉、『頼朝の死』の小周防、『大石最後の一日』のおみのなどは、彼が初演で、また評判のよかったものである。

新歌舞伎というものに対する評価や人気が、相対的に低下している今日、新歌舞伎にしか当り役のない松蔦のような役者に対する評価も、微妙に変わらざるを得ないかもしれない。しかし、後世の人には想像もできないだろうといわれる「松蔦のような女」の熱狂を生んだ一時期を持ったというだけでも、その名は近代の歌舞伎史に永くとどまるであろう。そして、古典歌舞伎を志す後進の女方でも、彼の〝不自然さ〟や〝グロテスク〟を微塵も感じさせないたたずまいには、ひそかに憧憬を抱く人が多かったはずである。

生来、病弱だったため、死の2年ほど前から舞台を退き、療養に努めていたが、左團次の死から半年後、後を追うように没した。50歳を過ぎても、ついに、娘役から脱皮することはできなかったが、可憐でうつくしいイメージを損なうことなく死を迎えたことで、逆に、人々の愛惜の念を一層かき立てることともなったのである。

若き日、自由劇場第一回公演の『ボルクマン』で、彼はエルラを演じた。当初、この役は新派の女方だった河合武雄を想定していたが、スケジュールの都合で出演不能になったのだという。松蔦のあたらしさは、新派の女方のリアルさと紙一重であった。さらに、翻訳劇では『ヴェニスの商人』のポーシャ、『オセロ』のデズデモーナ、『シラノ・ド・ベルジュラック』のロクサーヌなども演じている。

しかし、左團次がついに新劇の俳優とはならず、新歌舞伎の役者であったように、松蔦も新派の女方にならず新歌舞伎の女方であった。そこにこの人の独自性がある。日常の態度も慎ましく、細やかな心配りを見せたという。やはり、彼は『あやめぐさ』(元禄の名女方・初代芳澤あやめの芸談集)以来の、歌舞伎の女方の伝統を守った人であった。

訪ソ公演に出発する東京駅に、松蔦がすがたを見せないので人々が心配していると、やっとあらわれて「はじめて洋服を着たので、手間取ってしまって……」と言った、という話は微笑ましい。ドレスを着る女性の役の方なら、散々経験してきた人だからである。

五代目
中村歌右衛門

【なかむら・うたえもん】
慶応元年（1865）12月29日・生
昭和15年（1940）9月12日・没

五代目中村歌右衛門は、美貌と気品に恵まれたあたらしいタイプの女方であり、團菊左亡きあとの歌舞伎界で、つねにトップの地位にあった。帝国劇場にいった六代目尾上梅幸と歌舞伎座にとどまった歌右衛門とは、ともに女方の座頭（ざがしら）だったが、格は歌右衛門の方が上であった。

20歳を過ぎたころから鉛毒に悩まされ、60歳を過ぎた昭和期には、ほとんど立つことができなくなったため、おのずと舞台出演も限られていったが、歌舞伎座の技芸委員長に就任した明治39年から没年までとすれば35年、昭和期を丸々差し引いたとしても20年の長きにわたって東京の歌舞伎界を牛耳る立場にあったのだ。大正4年に完成した自宅は、敷地面積約2千坪、建坪約2百坪という広大なもので、「千駄ヶ谷御殿」とよばれた。歌舞伎役者が、もっとも経済的に恵まれた時代とはいえ、これは異例のことで、関西歌舞伎の覇者・初代中村鴈治郎がこの邸宅に招かれ、仰天したという話がある。

歌右衛門をそのような地位に押し上げた第一の要因が、天与の美貌と気品であったことは間違いない。女性ファンは数知れず、どこそこの娘が焦がれ死にした、などとの風評もあり、出勤の時間を見計らって、家の前から劇場までの道筋には、つねに人だかりがしていたという。歌舞伎役者として、この種の〝伝説〟に彩られた最後の人であった。

先輩の立女方、八代目岩井半四郎が明治15年に没し、それと入れ替わる形でデビューしたのも幸運だった（半四郎の最後の役は、彼が代演している）。

しかし、半四郎が、旧幕時代の女方の雰囲気を色濃く残していたのに対し、歌右衛門（当時は四代目福助）の曇りなき気品は、まさに明治というあたらしい時代にふさわしいものであった。九代目市川團十郎が開拓した、「活歴物」とよばれる写実的な歴史劇における女性や貴公子の役にも、福助は不可欠の存在となっていく。團十郎ばかりではない。五代目尾上菊五郎も初代市川左團次も、進んで相手役に指名した。明治20年の、いわゆる「天覧歌舞伎」における團十郎の弁慶、左團次の富樫というきわめつきの配役による『勧進帳』でも、福助は初役で義経に抜擢された。弱冠21歳、まだ名題にもなっていなかったときである。

元来、女方は立役より出世が早い。年長の名優の相手役に起用されるためだが、彼は團菊左のつぎの世代のなかでいちばん年長だったので、抜擢を受ける機会が多かった。これも幸運なめぐり合わせのひとつである。こういうキャリアが、後々になって物を言うからだ。

しかも、その天賦の財産は、気品と美貌だけではなかった。何よりも、演技力において卓抜した天分を持っていたのである。後年、身体が不自由になるにつれ、歌右衛門はさらに気品と貫禄を増し、もっぱら、巧みなせりふ廻しと團十郎ゆずりの肚芸(はらげい)で周囲を圧したが、じつは、彼ほど地芸も踊りもうまかった人はないといわれる。

しかし、こうした天分や幸運の一方で、若いころには、多くの苦難にもさらされていた。それを乗り越えて劇界のトップに上り詰めたのは、生来の強い性格のためである。柔和な外見のため、女方を本領とはしていたが、元来、彼は豪胆で異常に負けず嫌いだった。

昭和10年に出版された『歌右衛門自伝』は、この種の芸談にありがちな、取り繕(つくろ)ったところのないのがおもしろい。見ようによっては、自慢話の羅列ともいえるのだが、そうした話を堂々と、臆することなく披瀝(ひれき)しているところが、いっそ気持ちがいいのである。その一方で、色懺悔(ざんげ)や「馬券事件」で収監された話など、都合の悪いことも、じつにあっけらかんと語っている。先輩の芸についても思ったことを率直に言い、團菊ですら神格化していないし、偉そうな人、権威のある人に楯突いた逸話が多いのも、その性格の強さをよく物語っているといえよう。

その一方で、彼は物を見る目が高い、深謀遠慮の人でもあった。

政治家になっても、実業家になっても成功しただろう、といわれたのもそのためである。三島霜川は、『役者芸風記』のなかで、「私は役者を廃めても御飯を食べていく人です」という歌右衛門の言葉を紹介しているが、「歌右衛門は『知る』ことは出来ても『解する』ことの出来ない役者である。また『近づく』ことは出来ても『接する』ことの出来ない人である」というのは、けだし、名評であろう。名優とよばれるほどの人なら、いずれ、凡人のおよばぬところをだれしも持っているが、なかでも歌右衛門は特別だった。

彼は、金座役人の妾腹として出生した。10歳のときに実父と死別し、かの八代目半四郎の養子になる話が持ち上がるが、半四郎の女方然とした暮らしぶりを嫌がり、四代目中村芝翫の養子になったという。このあたりにも、早くもその強い気性があらわれている。

芝翫は、実父が生前、贔屓にした役者だったから、養子になってからも彼を〝若旦那〟とよんでたいせつにしたという。元来が子供のように無邪気な人だったが、舞台顔が錦絵のように立派で、古典の型物や舞踊では右に出る者はなく、幕末から明治初年にかけては、随一の人気役者だった。しかし、明治のあたらしい芝居についていけず、次第に傍流に追いやられるようになる。歌右衛門（初名は初代児太郎）が、初舞台（甲府の亀屋座）から5年間ほどは、ほとんど父に連れられて旅回りに明け暮れたのも、そのためだった。芝翫の晩年には、息子は歌舞伎座で活躍し、自分は小芝居に出演するということにもなった。だが、この父から古典の基礎を仕込まれたことは、やはり歌右衛門の大きな財産だった。

それはいいが、芝翫は、その無邪気な性格から、金勘定のまったくわからない人だった。札が嫌いで、5銭の白銅をこよなく愛し、大勢を引き連れて有名料亭でさんざん飲み食いした後、この白銅を一枚出して「釣りはいらねえ」と言ったという話もある。

一方、その妻女は吉原の引手茶屋の娘で、芸事にも堪能だったから、指導者としてはこちらも多大の恩恵があったが、歌右衛門の売り出しのためには、惜しみなく金を撒いた。それやこれやで、芝翫の家には、当時の金で7万円の借金があったという。

それを歌右衛門はきれいに整理し、その上であの「千駄ヶ谷御殿」を建てたのである。

借金以上の大きな苦難は、「鉛毒」という宿痾であった。鉛毒というのは、白粉にふくまれる鉛が体内に入り、神経の中枢を侵すというものである。もちろん、無鉛の白粉もあるが、鉛入りのものは白の発色がうつくしいので、危険と知りつつ、役者はこれを使用した。江戸時代から明治、大正ごろまでの女方が、おしなべて短命だったのはそのためである。女方ばかりではない。歌右衛門によれば、九代目團十郎も鉛毒だったという。しかし、立役はつねに白塗りにするとは限らないし、團十郎は薄化粧にすることで重症化を避けたようだ。だが、女方はそうはいかない。

歌右衛門が鉛毒を発症したのは、前に書いたように20歳を過ぎた人気絶頂のころ、あの天覧劇の前後だった。当時は治療法も未発達だったから、彼は勧められて大磯で海水浴療法をする。そのため、箱根で避暑をしていた貴婦人、令嬢たちがこぞって大磯に押し寄せたとか、茶店の婆さんが「福助さまお食べ残し蜜柑」やら、はては鼻紙を丸めた「福助さまお痰」などを売り出して一財産作ったとか、話は例の〝伝説〟に展開するのだが、当時の本人にすれば、とても笑い話どころではなかっただろう。舞台で嘔吐したり倒れたりすることもあったという。それでも強情に舞台に立ち続け、しかも同じ月に二座、三座とかけ持ちをするのが常だった。それだけ、興行側にも必要とされていたわけだが、それにこたえて無理を承知で超人的奮闘を重ね、若いときからつぎつぎと大役を経験したことが、結果的に、その技芸と芸魂を磨き上げたのである。

明治34年、五代目芝翫を襲名。このころには、実質的にポスト團菊世代のトップに立っていたが、團菊が没した36年から2年半あまり、彼は東京座を活動の拠点とする。歌舞伎座の社長と不和を生じたためだが、團菊を失って混迷する歌舞伎界のなかで、彼の動きはじつに迅速で果敢だった。第一に、坪内逍遥の史劇をつぎつぎと初演し、『桐一葉』や『沓手鳥孤城落月』の淀の方（淀君）、『牧の方』の牧の方などをあらたな当り役としたこと。史劇の高貴な下げ髪の女性というものは、女方の歴史のなかで、まさしく彼が作り上げたあたらしい役柄だった。「孤城落月」のときは、実地に精神病院を見学し、役作りの参考にしている。第二は、当時歌舞伎を脅かす人気を博していた新派に対抗し、『不如帰』（浪子）、『乳姉妹』（君枝）、『魔風恋風』（初野）、『己が罪』（環）などを上演したこと。旧劇の役者でも現代劇はできるところを見せようという、例の負けん気のあらわれで、舞台成果はかならずしもよくはなかったが、その実行力は人々を驚かせるにじゅうぶんだった。さらに、『かながき太平記』では、高師直が顔世御前の入浴すがたを垣間見るという設定のため、上半身裸で乳房（もちろん、作り物だが）を見せるという、大胆な演出もおこなっている。

こうして存在感を示した上で歌舞伎座に戻り、間もなく社長が交代すると、悠々と技芸委員長に就任した。さらに44年、初代鴈治郎が歌右衛門の名跡を望んでいると知るや、素早く行動して自分が襲名をしてしまう。このあたりの動きもあざやかである。

大正になると歌舞伎座は松竹の経営となり、松竹は手持ちの役者を動員した豪華版興行をしばしば催した。そこで歌右衛門は多くの新作を演じている。内容的に見るべき作品は少ないが、歌舞伎座の大舞台で絵巻物を繰り広げるような豪華な芝居を見せることは、確かにひとつの売りになったし、それには歌右衛門という豪華な役者の存在が大きい。

しかし、そうした新作だけでなく、まだ立って動けた大正期の歌右衛門は、古典の役々でも多くの傑作を残した。

時姫、八重垣姫、雪姫の「三姫」や中将姫などの姫役。政岡、重の井(しげのい)、定高(さだか)、戸無瀬(となせ)、尾上、『実録先代萩(せんだいはぎ)』の浅岡、「乳母争い」の篠原などの〝片はずし〟。揚巻などの傾城。これら、女方として最高の難役とされる役柄で、歌右衛門は最高峰の演技を見せた。さらに、こうした位取りの高い役々の一方で、「いもり酒」の夕しで、「弁慶上使」のおわさ、「源太勘当」の腰元千鳥なども、傑作の誉れ高いものである。これらの役の生命は、〝情〟ということにつきよう。歌右衛門は、気位が高いようでいながら、肉親や恋人に対するあ

『沓手鳥孤城落月』　淀の方

ふれるような情味で堪能させる役者だったのだ。

昭和になってから、『演藝画報』に連載された「魁玉夜話（かいぎょくやわ）」「続々魁玉夜話」で、歌右衛門は自身の型を、役ごとに詳細に語っている。これらは、戦後、整理されて『歌舞伎の型』という単行本になっているが、そこにおさめられたのは、古典では夕しでを除く前記の役々に、玉手御前、お三輪、「野崎村」のお光、『宮島のだんまり』の傾城浮橋、「扇屋熊谷」の小萩実は敦盛（あつもり）、「袖萩祭文」の袖萩と貞任（さだとう）、「八陣」の雛衣（ひなぎく）。それに新歌舞伎の「孤城落月」の淀の方と牧の方である。つまり、これらが自他ともに許す当り役ということになろう。

これらの型は、先人のやり方を参照しつつ、彼が完成させたものであり、その多くは現在までもっとも権威ある型として継承されている。九代目團十郎は、活歴では結局失敗したが、その経験をもとに、古典歌舞伎の多くの役で、性根を重んじるあたらしい型を残し、近代歌舞伎の規範となった。歌右衛門は、同様の仕事を、女方の領域で成しとげたのである。その意味で、正統な團十郎の後継者だったといえよう。

歌右衛門が初演した新歌舞伎でも、綺堂の『勾当内侍（こうとうのないし）』『細川忠興の妻』『清正の娘』などは自身で再演もしているし、名作と言っていい作品だが、次男の六代目歌右衛門が『勾当内侍』を一度演じただけで、現行演目にはなっていない。それは、やはり余人をもってかえがたい作品、ということなのだろう。結局、残ったのは淀君ということになる。

昭和に入ると、座ったままで演じられるその淀君（『桐一葉』の「寝所」や「孤城落月」の「糒庫」）をくりかえし演じるようになる。昔を知らない若い観客は、「また淀君か」と不満を漏らす向きもあったが、それでも「歌右衛門を観た」ということに、何か特別の価値があるように思わせる空気があった。歌右衛門が出る月は入場料が高くなったというが、観客がそれを納得したのも、彼ならではのことであろう。最晩年に、妻の玉子と長男の五代目福助を続けて失う悲劇にも見舞われたが、彼は最後まで、歌舞伎界の頭領という重責をまっとうする。その死は、まさにひとつの時代の終わりを象徴するものであった。

十五代目

市村羽左衛門

【いちむら・うざえもん】
明治7年（1874）11月5日・生
昭和20年（1945）5月6日・没

演劇評論家の戸板康二は、「ぼくが今までに見て来た日本の演劇・映画を通じて、真にスタアと呼ぶにふさわしいと思われる唯ひとりを挙げることになれば、躊躇なく、十五代目市村羽左衛門と答える」（「十五代目羽左衛門・再論」『季刊歌舞伎』第16号）と書いている。歌舞伎に関する彼の記憶は、大正12年の関東大震災以後から鮮明になるようだが、大正2年に歌舞伎座が松竹の経営になり、昭和初年にはすべての歌舞伎役者が松竹の傘下におさまるという流れのなかで、羽左衛門はつねに歌舞伎座を代表する〝華〟であった。昭和10年代には、五代目中村歌右衛門、六代目尾上梅幸といった名女方、あるいは二代目市川松蔦、歌右衛門の長男五代目福助といった美貌の女方が世を去った後を埋める者がなく、立役の名優は、なおそろっていたものの、自然、歌舞伎は地味で理詰めなものに変わっていく。加えて、戦時下では歌舞伎興行もさまざまな制約を受け、何か灰色のヴェールに包まれたような、くすんだ印象にならざるを得なかった。そうしたなかで、永遠の二枚目役者・羽左衛門の健在は、唯一の〝色彩〟であり、〝癒し〟だったと思われる。

見巧者を唸らせるような鋭い解釈や技巧があったわけではない。歌舞伎にあたらしい歴史を刻むような、革新的な仕事をしたわけでもない。古典歌舞伎の型ものを、ただ、くりかえし演じただけである。新作も演じてはいるが、彼が主演したもので、これといって評判をよんだ作品はなかった。

それでいて、それだけの人気があったのは、うつくしい顔立ち、スラリとした長身、朗々とした名調子、それに出てきただけで舞台の空気がぱっと華やかになるような、屈託のない明るさのためであり、それらが渾然と融合し調和がとれているところにあった。容姿といい、雰囲気といい、それらは天性のもの、あるいは天性の性格からおのずと醸し出されるものである。彼は、そうした天性の資質をすんなりと熟成させていくことで生涯を終わった、稀有な役者だった。こうした役者に、〝解釈〟や〝技巧〟は無縁であり、その解釈や技芸を分析的に検討するような近代劇評の埒外にある存在だったといえよう。

『色彩間苅豆』　与右衛門

当時、歌舞伎役者の談話は格好の読み物とされ、だれもが「自伝」や「芸談」を刊行しているが、羽左衛門にはそうした書物がない。まとまった芸談といえば、川尻清潭がまとめた『名優芸談』のなかの「可江夜話」(可江は羽左衛門の俳名)ぐらいだが、これとても、川尻が折々に聞いていた話をうまくつなげたものらしい。演劇記者が談話を取りにきても、「そっちで適当に書いておいてくれ」といった調子だったという。自身の役づくりを整然と解説するというような、面倒なことは嫌いだったのである。

一方、前記の戸板康二をはじめ、羽左衛門に関する評論は多くの人が書いているが、どれを読んでも、かならずしも「うまい役者」ではないが「いい役者」である、そのよさは天性の容姿、口跡と人柄からきたものである、という結論に落ち着く。いわば、江戸時代の人気役者のように、理屈を超越した魅力を持った人、ということであろう。一例として、京都大学教授で演劇研究家だった山本修二は「いい顔に、いい形に、いい調子に、羽左は天のなせる歌舞伎役者というより、むしろ『生きている芸術品』であった、という方が至当であろう」と書き、彼を「最後の歌舞伎役者」と評している(『幕間』昭和26年7月号)。

しかし、彼はそうした古風なタイプの役者でありながら、そのうつくしさはけして古風なものではなかった。和服の着こなしのよさは当然だが、洋服すがたもじつにダンディできまっている。とりわけ、引き締まって目鼻立ちのくっきりした小顔、すらりと伸びた足。彼の〝脚線美〟はチャームポイントのひとつで、「かさね」の与右衛門や「入谷」の直侍のように、尻を端折って素足を見せる役では、当人も意識してそれを効果的に使った。だが、脚線美などというものは、それまでの歌舞伎の美の基準にはなかったものである。

その日本人離れした容姿から、混血児という風評は彼の若いころからあったらしい。戦後、里見弴が綿密な調査を重ねた上で、『羽左衛門傳説』という小説の形で明らかにしたところによれば、実父はル・ジャンドルというフランス系アメリカ人だという。

もちろん、血筋はどうあれ、羽左衛門は藁の上から生粋の江戸っ子として育った。この、西洋風の素材が和の衣を纏う、というところに、じつは近代の日本人があこがれたひとつの美の典型があり、羽左衛門はそれを理想的に体現する存在だったのだと思う。

さて、『羽左衛門傳説』によれば、彼は生まれてすぐに引き取られた家から、5歳のときにあらためて歌舞伎役者の養子となった。養父は初代坂東家橘。五代目菊五郎の弟である。才気にあふれた兄に対し、家橘の方は「大納言」とあだ名されるようなおっとりしたタイプだったが、のちに羽左衛門の当り役となる切られ与三郎や、生締物とよばれる智勇兼備の武将役は、この養父の芸系といえよう。また、九代目市川團十郎や五代目尾上菊五郎も、もちろん身近にあって多くの教えを受けた。とりわけ伯父菊五郎の教えはきびしかったようだが、こうした先輩たちに可愛がられたのは、どこか見どころがあったのだろう。この時期の修業で、彼のからだにはたいせつな基礎が叩き込まれたわけである。のちに名コンビをうたわれた従兄弟の六代目梅幸は同じ修業仲間であり、もっとも仲のよい友達であった。

もっとも、当時の羽左衛門は、スマートな長身も貧相に見えるだけ、せりふも胴間声で、未熟な芸であったから、大向うから容赦なく「大根」の声がかかる毎日で、それは明治36年に羽左衛門を襲名してからも続いた。何の屈託もなく、天衣無縫にふるまっているように見えた羽左衛門にも、こうした苦闘の日々はあったのである。

しかし、じっくりと天与の美質を伸ばしていくことで、明治末から大正はじめごろには、歌右衛門、仁左衛門と並んで「歌舞伎座の三衛門」とよばれるまでになった。

写真集『舞台のおもかげ』シリーズのなかの「市村羽左衛門」には、明治39年から大正8年までの写真がおさめられているが、おもしろいのは40歳なかばのこの時点で、生涯の当り役が、ほとんど出そろっていることである。歌舞伎十八番の「助六」、『勧進帳』の富樫。盛綱、石切梶原、実盛、「金閣寺」の藤吉などの生締物。勝頼、三浦之助、久我之助、桜丸、「菊畑」の虎蔵、「九段目」の力弥、白井権八などの前髪物。「忠臣蔵」では勘平、若狭之助、平右衛門。黙阿弥とその門弟による世話物では弁天小僧、お嬢吉三、黒手組助六、御所五郎蔵、直侍、「島鵆」の島蔵、め組の辰五郎、お祭佐七。ほかに、時代物では「先代萩」の勝元、世話物では切られ与三郎、福岡貢など。前にもふれたように、新歌舞伎の主演作にはとくに傑作はないが、主演以外のもので『修禅寺物語』の頼家、『桐一葉』の木村重成、『沓手鳥孤城落月』の秀頼。前記の写真集にふくまれない役もあるが、およそ、これらが生涯変わらぬ当り役である。最後まで皺を描く役はせず、白塗りで通した彼のような役者は、逆に〝変わらない〟ところに人知れぬ苦労があったはずだが、それをことさらに見せることもなく、しかも晩年には前髪役、白塗りの役で「いぶし銀のような光彩を放つ」と評されるような、独自の境地に到達した。

昭和19年に有声映画として撮影された『勧進帳』で、羽左衛門は当り役の富樫を演じている。ただ一役ながら、その舞台すがたを一幕通して観ることができる貴重な映像資料である。

これを観ると、羽左衛門の美点とされる容姿のうつくしさ、口跡のよさ、演技のイキのよさなど、なるほどと納得させられるが、私がとくにひかれるのは、いかにも大歌舞伎らしい格調の高さである。それは、ワキの立場を守って、つねに主役である弁慶を引き立てるようにするという〝舞台行儀のよさ〟に由来する。これは、團菊にきびしく仕込まれておのずと身に備わったものであろう。羽左衛門は素質のよさだけでなく、筋のいい修業をした人であった。

昭和20年2月、新橋演舞場で一日だけ催された産業戦士慰問興行で盛綱を演じ（ただし、空襲警報のために中断した）、そのあと、長野県の湯田中温泉に疎開した。

羽左衛門の出自については、前にちょっとふれたが、彼は早い時期に実の両親と対面をはたしていたし、妹の愛子をふくめ、ひそかに交流は続けていた。ただ、母絲子の強い思いから、この関係は世間に伏せられていた。『羽左衛門傳説』には、羽左衛門が湯田中から愛子に宛てて出した最後の手紙が紹介されている。稚拙（ちせつ）な金釘流で綴られた、ほとんど平仮名だけのたどたどしい文章。現在なら小学生の手紙かと見紛うようだが、そこに込められた率直で飾り気のない肉親愛は、読む人の胸を搏（う）つ。

羽左衛門は、絶世の美男で、また稀代のドンファンだった。浮名を流した相手は数知れず、楽屋でも外出先でも、つねに女性に取り巻かれ、「神様もバイロンと羽左衛門には浮気を許した」といわれたほどだったという。こうした女性遍歴と先の手紙を結びつけて、明るく見える羽左衛門の心中に秘めた満たされない寂しさを指摘することは、いささか短絡的で感傷的な見方かもしれない。ただ、実子を持たなかった彼にとって、晩年、血のつながった肉親といえるのが、愛子とその娘だけだったのも事実である。

同時に、子供のような手紙を書く人が、歌舞伎の、とりわけ坪内逍遥（しょうよう）の作品のような難解なせりふを、あざやかに言ってのけたというところに、役者というものの不思議を感じる。『演藝画報』の五代目歌右衛門追悼特集（昭和15年10月号）で、伊原青々園は「むづかしい物を学問のある人がすれば出来るかといふと、必ずしもさうぢやありません」という歌右衛門の言葉を紹介しているが、これは羽左衛門にも通じる言葉だろう。

5月6日、羽左衛門は湯田中の地で急逝した。同月25日の東京大空襲では、思い出多い歌舞伎座も演舞場も灰燼（かいじん）に帰すのだが、それを知ることもなく、一代のスターはひっそりと逝ったのである。大正から昭和にかけて花開いた「華麗なる歌舞伎」の時代は、ここに終焉をとげ、歌舞伎は戦後というあたらしい段階へと進んでいくことになる。

歌舞伎の復興を支えた人々

昭和21年〜昭和40年

三代目
中村梅玉

【なかむら・ばいぎょく】
明治8年（1875）1月14日・生
昭和23年（1948）3月18日・没

昭和20年8月15日、第二次世界大戦は日本の〝無条件降伏〟という形で終息したが、この戦争は、〝梨園〟とよばれて特殊なヴェールに包まれていた歌舞伎界にも、大きな爪痕を残した。多くの歌舞伎役者が戦地へ駆り出され、三代目中村雀右衛門の遺児章景（あきかげ）は14年12月、日中戦争で戦死。20年3月13日の大阪大空襲では、中村魁車（かいしゃ）が宗右衛門町（そえもんちょう）の防空壕のなかで、孫を抱き締めたまま痛ましい最期をとげている。

雀右衛門、魁車、そして三代目梅玉の三人は、同じ明治8年の生まれで、いずれも初代中村鴈治郎の相手役をつとめた関西の名女方だが、立場からいうと、雀右衛門は外様、魁車は鴈治郎の門弟であり、〝正妻〟の地位にあったのは梅玉だった。

梅玉に対するこの殊遇の陰には、養父二代目梅玉（通称「大梅玉」）の存在があった。十一代目片岡仁左衛門と初代鴈治郎が覇を競う前の一時期、この大梅玉（当時は三代目福助）は四代目嵐橘三郎と大阪の歌舞伎界を二分する人気役者だったが、その後は鴈治郎一座の上置き的立場に徹した。華やかで包容力のある芸風により、「河庄」なら孫右衛門、「盛綱陣屋」なら微妙といった役どころで、鴈治郎の芝居を守り立てたのである。そうした恩義もあって、若いころの相手役だった實川正朝や二代目中村玉七が明治40年代初頭に没したあと、鴈治郎は三代目梅玉（当時は四代目福助）を取り立てたのだ（明治から昭和の戦後まで、中村福助という名跡は東京と大阪とに併存しており、それぞれの屋号から東京の福助を「成駒屋福助」、大阪の福助を、「高砂屋福助」とよんでいた）。

そうしたことへの反動から、芸熱心な雀右衛門は、年下の二代目實川延若と組んだり、長く東京で活躍したりしていたが、52歳の若さで急死。以後は梅玉の福助と魁車が関西を代表する女方となったが、魁車もまた、覇気も実力もあるタイプで、女方を本領としながらも、「実盛物語」なら師匠ゆずりの実盛はもとより、瀬尾までこなす器用さだった。

それに対し、梅玉の方は若いころから「役者は嫌い」が口癖で、上品でうつくしいが不器用で消極的で、どこか冷たい印象もあるといわれていた。山本修二は「われわれ当時の若き芝居好きの間では、始めは梅玉の美しさに心を惹かれ、それがやがて雀右衛門の技芸に陶酔して行くのが常識となっていた」と書いている（『演劇寸史』）。

初代鴈治郎の芝居では、『心中天網島（しんじゅうてんのあみじま）』における梅玉のおさん、魁車の小春、『心中宵庚申（しんじゅうよいごうしん）』における梅玉のお千代、魁車の姉おかるなどが、二人の立場と芸風を端的に示すものであろう。鴈治郎が没して以後の関西歌舞伎は、延若、梅玉、魁車の三頭目時代となるが、門閥のない魁車は、ついに梅玉の立場を追い越すことはできなかった。

そうしたライバルの心の内を、温厚で純朴な梅玉はよく察していたようだ。作家の長谷川幸延は、大阪大空襲の2日後に、魁車の没した防空壕で長いこと合掌している梅玉のすがたを目撃したという（雑誌『道頓堀』の編集者だった鳥江鉄也は、大空襲の翌日のこととして、同様の体験を記している）。結果的に、梅玉の方は終戦後、その蓄積された技芸が東京でも関西でも高く評価され、生前、芸術院会員に内定するなど、最高の栄誉に包まれて晩節をまっとうした。まさに、天運測りがたしというほかはない。

しかし、若いころの梅玉とて、けして凡庸な役者だったわけではなかったと思う。

出生は、大阪北の新地の遊廓で、藁（わら）の上から大梅玉の養子となった。『梅玉藝談』に、編者の山口廣一は「実父は一説に由緒ある大阪商家の主人といはれるが詳らかでない」と記しているが、そうした血筋と器量を見込まれたのかもしれない。二代目政治郎から福助を襲名したのが明治40年。養父の梅玉襲名と同じときで、二人の披露狂言は『神霊矢口渡』だったが、そのお舟より、むしろこのとき鴈治郎が初演した『土屋主税』のお園が好評で、これは長く彼の持ち役となっていた。間もなく本格的に鴈治郎の相手役となるわけだが、そのため魁車のように役の幅は広がらなかったかわり、鴈治郎の新作では、つねに相手役をつとめている。新作の場合、脚本の理解力や役作りの工夫も必要だし、素直で従順な性格にもよるが、舞台では専制君主的存在だった鴈治郎を立て、そのあらゆる注文に応えたのは、相応の伎倆がなければ叶わなかったはずである。なかでも『藤十郎の恋』のお梶は傑作といわれ、鴈治郎も「福助のお陰で評判をもらった」といっていたという。

そして、古典でも芸格の高さを要求される政岡、戸無瀬、重の井などの〃片はずし〃や、玉手御前、「酒屋」のお園などは、この時代から柄に合う役と評価されていた。

昭和10年2月、鴈治郎没。その前の月、福助は梅玉を襲名するが、その襲名口上にも、鴈治郎の列座は得られなかった。しかし、鴈治郎という巨星を、ひたすら陰で支え続けることによって培われた伎倆と芸容が、これを機に花開いていく。一時期、立役も多く手がけ、「九段目」の本蔵、「鮓屋」の梶原、「盛綱陣屋」の北条時政など意外な役もやっているし、新作の『或る日の坐漁荘』（郷田悳作）の西園寺公望を隠れた傑作と評する人も多いが、むろん、本領は上方歌舞伎や義太夫狂言の女方で、六代目尾上梅幸、五代目中村歌右衛門といった名女方が、あるいは没し、あるいは老いていくなか、十五代目市村羽左衛門、六代目尾上菊五郎、初代中村吉右衛門、そして関西の二代目延若ら残された立役たちは、だれもが梅玉を相手役にと望むようになったのである。

ことに戦後の名声については、前にも書いたとおりだが、本人は「以前と同じことをやっているだけなのに……」と不思議そうだったという。

前記の『梅玉藝談』は、晩年の連載が、没後に単行本となったものだが、この本のなかでも「私は若いころから芝居には、どうも興味がおまへなんだ、というよりも役者稼業というものが嫌ひやつたといつたはうが本当の気持だした」と語り、評判のよかった役々について聞かれても「この夕霧という役はまことに詰らない役で……」「葛の葉という役もホン詰らない、やり甲斐のない役で……」といった調子である。一方、鴈治郎の新作『椀久末松山』で、幕切れだけ出て一分たらずで舞台をさらう松山太夫ほど、好きな役はないという。正直な人である。他人の舞台を見るのも辛気臭くて嫌い、好きなのは浪花節と軽業だというのもおもしろい。

しかし、梅玉は自分の恵まれた境遇に対する責任、ということを、きちんと心得ていたと思う。また、養子の三代目政治郎（我々世代にはなつかしい、戦後の高砂屋福助）のために、私財を投じて「古典座」という自主公演を主導してもいる。この政治郎は、じつは大梅玉が70歳を過ぎて儲けた庶子だったが、その育成に熱心に努めたのである。

そうした真面目さと無欲無心の境地が、やがて自然に熟成された馥郁たる香気と高い芸格を醸し出したのであろう。終戦を境に世の中の光景は一変し、歌舞伎を見る目も変わった。そうしたなかで、若いあたらしい観客が、梅玉や、のちに述べる七代目澤村宗十郎、二代目延若らの古風な錦絵美に、新鮮な魅力を感じたということもあったかと思われる。

六代目菊五郎との共演では、戦前からの「吃又」のお徳、戦後はじめての「吉田屋」の夕霧が名品とされているが、それこそ、かつて初代鴈治郎を相手に演じたのと同じことをしていながら、まったく違う菊五郎の新演出に、違和感なく溶け込むものだったらしい。本人は「詰らない役」といいながら、夕霧では、伊左衛門の菊五郎が奥座敷を覗きにいくとき、舞台の陰で出を待っている梅玉が、いつも床几を離れて視線を合わせてくれるのでやりよかったという話を、新派の花柳章太郎が聞き伝えている。そうした古風な女方らしい心遣いを忘れないところが、いかにも梅玉らしい。終生の当り役ともいうべき「合邦」

『摂州合邦辻』　玉手御前

の玉手御前も、菊五郎と吉右衛門という、芸風も演出も異なる合邦を相手にして、どちらも絶賛を博した。

昭和22年11月、戦後最初の名優ぞろいによる『仮名手本忠臣蔵』のときも、とくに望まれて東上し、塩冶判官と戸無瀬を演じた。すでにこのころから、体調を崩しかけていたらしく、最後の数日は休演となったが、判官はともかく、戸無瀬はやはり絶賛されている。そして、翌年2月、大阪歌舞伎座での最後の舞台も、この戸無瀬だった。

その戸無瀬をはじめ、晩年に演じたお徳、夕霧、玉手御前などは、六代目歌右衛門、七代目梅幸、七代目芝翫、そして現坂田藤十郎など、戦後活躍する後続の女方に、大きな影響を与えたはずである。

七代目
松本幸四郎

【まつもと・こうしろう】
明治3年（1870）5月12日・生
昭和24年（1949）1月29日・没

七代目幸四郎といえば、真っ先に思い浮かぶのは生涯に千五百回とも千七百回ともいわれる上演回数を誇った『勧進帳』の弁慶だろう。男性美という形容がふさわしい秀麗な容姿、堂々たる押し出し、健康的でエネルギッシュな肉体、朗々たる声音。しかも、日本舞踊の家元・三代目藤間勘右衛門を兼ねていたから、踊りもお手の物である。弁慶は、確かにそうした幸四郎の長所ばかりが、凝縮したような役だった。昭和18年11月の歌舞伎座で、十五代目市村羽左衛門の富樫、六代目尾上菊五郎の義経という配役で演じた舞台が、全編、記録映画に残されていて、貴重な資料となっていることはよく知られているが、立役として最大の難役とされる弁慶を生涯の当り役とし、その映像も後世に伝えられているのだか

『勧進帳』　武蔵坊弁慶

ら、幸せな役者といわねばならない。

しかし、そうした英雄的風貌の一方で、幸四郎は善良で律儀な苦労人でもあった。実父は三重県で土木事業と人夫の取り締まりをしていた人で、歌舞伎とは無縁の家だった。明治7年、母に伴われて上京。まだ物心つかないうちに、望まれて藤間家の養子となったが、さらに13年、九代目市川團十郎の門弟となって市川金太郎を名乗り、二足の草鞋を履くことになる。子供のころは團十郎の芝居の子役もかなりつとめたが、もとより門閥のない身、はじめは大部屋で並びの諸士や腰元からの出発であった。

22年に歌舞伎座が開場、團十郎が座頭となり、一門の全盛期が訪れると、幸四郎（当時は四代目染五郎）にも、次第に目につく役が与えられるようになる。團十郎が、活歴物に熱中した時代であり、そうした時期にずっと師匠のもとにあったことが、のちの幸四郎の芸風や役どころを、かなり決定づけたようだ。男ぶりのよさは、若き日の十五代目羽左衛門と並んで際だっており、人気も高かったが、当時の染五郎は、歌舞伎役者らしくない、一種の素人っぽさで、むしろあたらしい演劇の旗手として期待されていたらしい。

明治36年、團十郎の死の半年前に八代目高麗蔵を襲名、中絶していた松本家を継承する道筋が作られた。そして、44年開場の帝国劇場で立役の首座におさまり、七代目幸四郎を襲名する運びとなる。この間の37年から38年、すなわち團菊没後の混沌とした時代に、そうした〝あたらしい演劇〟への試みが、もっとも意欲的におこなわれた。
芝翫(のちの五代目中村歌右衛門)と東京座に立て籠もり、37年3月には、坪内逍遥の史劇『桐一葉』(高麗蔵の木村長門守)を初演。9月には新派に対抗して『不如帰』に挑戦した。これが好評だったため、翌年にも引き続いて『乳姉妹』『魔風恋風』『己が罪』を上演している。また、11月の東京座では、幸田露伴の小説を脚色した『五重塔』でのっそり重兵衛を演じた。38年は、4月の歌舞伎座で国産オペラ第一号ともいうべき『露営の夢』を上演。9月の歌舞伎座では團十郎の三回忌追善興行が催され、高麗蔵は師の遺産である活歴物の『高時』『大森彦七』を初役でつとめた。

もっとも、歌舞伎役者によるオペラも新派劇も、年表の上では「先駆的活動」と記されるものであり、それなりの歴史的意義はあったが、まとまった芸術的成果を残したとはいいがたい。だが、帝劇時代にも、幸田露伴作『名和長年』(大正4年)は、幸四郎の新歌舞伎の代表作として、戦後まで継承されたし、大正8年には「新歌舞伎研究会」を設立。これは二回の公演で終わったが、岡本綺堂作『亜米利加の使』は高く評価されている。帝劇の売り物だった女優劇への補導出演も喜んで引き受けていたし、大正末には、シェイクスピアの『ジュリアス・シーザー』『オセロ』など、翻訳劇にも挑戦している。やはり、こうしたあたらしい挑戦を続けることに、彼の真骨頂があったというべきだろう。

昭和に入り、帝劇が松竹の経営に移ると、幸四郎は歌舞伎界全体の上置き的存在となり、『勧進帳』の幸四郎、というイメージを強めていく。が、古典歌舞伎での演技に関しては、全体にあまり芳(かんば)しい評価は得られなかった。

『高時』や『大森彦七』などは、幸四郎のお蔭で今日まで歌舞伎のレパートリーに残ったともいえる。しかし、活歴物は團十郎の伎倆があって、辛うじて成立したものでもあり、幸四郎のオペラや新派劇同様、過渡期の産物だった。律儀にそれを継承しようと努めるあまり、活歴に染まったせりふ廻しが古典歌舞伎ではいかにも不調和となり、また、妙に細かい説明的な演技が、歌舞伎本来の様式美にそぐわなかった。せっかく、稀に見る容姿に恵まれながら、その外見と演技とのまとまりがつかなかったといわれる。

「忠臣蔵」の由良之助、『絵本太功記』の光秀など、義太夫狂言の英雄役や実悪は、格からいっても風貌からいっても、自然、幸四郎に回ることが多いのだが、いざ演じてみると、義太夫狂言特有の粘りや陰影に乏(とぼ)しく、無味乾燥としたものになってしまったようだ。ただ、毛剃(けぞり)、和藤内(わとうない)、「弁慶上使」の弁慶などは、傑作としてあげられている。その善人性に由来する一種の稚気が、こうした役では生きたのであろう。

だから、その稚気と秀麗な容姿、スケールの大きい力感が生きる歌舞伎十八番などの荒事の役々は、さすがに鍛えられた基礎の確かさもあって、もっとも安定した当り役だった。舞踊ももちろん得意だったが、とりわけ風格の大きさが必要な『茨木』や『戻橋』の渡辺綱、「関の扉」の関兵衛、「三番叟」物の翁などはこの人の独壇場だった。

戦後も、21年、77歳で助六や弁慶をつとめ、翌年、芸術院会員に推された。また、彼の先見の明とされるのが、三人の息子たちをいずれも手許に置かず、長男（のちの十一代目團十郎）を市川宗家の養子とし、次男（のちの八代目幸四郎）を初代吉右衛門に、三男（のちの二代目松緑）を六代目菊五郎に預け、それぞれ大成させたことである。

生前、幸四郎の古典歌舞伎には不満を漏らしていた人々も、いざ亡くなってみると、あらためて歌舞伎に不可欠の英雄役者の不在を痛感している。二代目松緑は、父を「偉大なる凡人」と表現しているが（『松緑芸話』）、やはり昭和歌舞伎の一翼を担う大きな存在であった。

七代目
澤村宗十郎

【さわむら・そうじゅうろう】
明治8年（1875）12月30日・生
昭和24年（1949）3月2日・没

七代目松本幸四郎が、師匠九代目市川團十郎の革新路線を継承したのに対し、ひと月遅れて没した七代目宗十郎はふだんでも「これは乙でゲスな」というような通人言葉を使い、洒落ばかり言っているような役者だった。その浮世離れした古風さが、戦後の荒涼たる時代のなかで、奇蹟のように取り沙汰され、「宗十郎歌舞伎」という言葉さえ生まれて、にわかに脚光を浴びることになる。その点、同い年の中村梅玉の晩年と相通じるところがあるが、宗十郎の持ち味は、梅玉とくらべても、はるかに特異なものだったと思われる。

彼の本領は、江戸の和事と女方である。現在も澤村家のお家芸に数えられる「矢口渡」のお舟は生涯の当り役のひとつだが、晩年、ことに注目されたのは和事系の役々であった。和事といえば、上方のものと見られがちだが、上方風の粘りに江戸風の洗練や洒落っ気を加味した江戸和事というものがある。澤村家は、代々、江戸と上方を行き来しつつ、江戸和事の芸脈を守り続けた。これだけ一貫した芸風を維持した家はめずらしい。

幕末の五代目宗十郎も、曽我十郎、刈萱(かるかや)道心、「先代萩(せんだいはぎ)」の足利頼兼など、時代物における代々の当り役を継承したほか、草双紙の味の濃い「鶯塚(うぐいすづか)」の佐々木源之助、「鈴木主水(もんど)」などを初演して江戸和事の芸脈を伝えた。その芸風は、そっくり長男の四代目助高屋(すけだかや)高助(たかすけ)に受け継がれ、さらにその養子である七代目宗十郎に伝わったといわれる。和事という、ともすれば時代に遅れがちの、ぬけぬけとしたおおらかな遊蕩児の味わいが、昭和の戦後まで生き残ったということは、確かに奇蹟と言えば言えるだろう。

それだけに、團菊系の理知的な近代歌舞伎が主流となった東京の歌舞伎界で、宗十郎は、かなり長く不遇の時代を送ってもいた。

宗十郎の実父は、東本願寺の法主(ほっす)だという。明治14年、6歳で高助の養子に迎えられたが、高助は19年に没しているから、直接、その薫陶(くんとう)を受けた時期は短い。そのかわり、初代花柳壽輔には格別の指導を受け、後年の当り役である「吉田屋(よしだや)」の伊左衛門、「封印切」の忠兵衛、「廓噺(くるわばなし)」の八重桐などは、壽輔に手ほどきを受けたものだという。そういえば、舞踊が得意だったことも、宗十郎の芸の特色に加えておいていいだろう。

22年、歌舞伎座が開場。その一座に加入するはずが違約されるという一件があって大阪へ行き、26年、三代目訥升を襲名。同年、歌舞伎座に迎えられ、東京での襲名披露には「矢口」のお舟を演じた。その後は多くの劇場をかけ持ちし、新旧、さまざまな役で頭角をあらわしていく。これらが10代から20代にかけてのことだから、家柄のよさや美貌ということがあったにせよ、かなり早熟でもあったと思われる。41年、宗十郎を襲名し、44年開場の帝国劇場に、梅幸、幸四郎につぐ立場で迎えられた。

しかし、この帝劇入りは、成功とはいいがたかった。なにしろ帝劇といえば、日本演劇の革新を旗印とする劇場であり、周囲は團菊直系の梅幸や幸四郎、あるいは「新人」とよばれた十三代目守田勘弥や初代澤村宗之助である。宗十郎の持ち味を生かせる演目はほとんどなかった。いちばんおもしろかったのは、女優劇の補導役として演じた喜劇だという評価もある。

にもかかわらず、帝劇時代の宗十郎は、三頭目のなかでいちばん羽振りがよかったという。それには、妻おちかの陰の力があった。この妻女は、真山青果の『荒川の佐吉』に登場する相政親分こと相模屋政五郎の娘と、高助の弟の三代目田之助（脱疽のため四肢を失った悲運の天才女方）との間に生まれた娘で、連中、つまり贔屓の団体を作る名人だったのである。そうした境遇に、宗十郎自身、いささか安住した気味もなかったとはいえない。

昭和4年、帝劇が松竹に吸収されると、宗十郎はふたたび歌舞伎座の人になった。その当初、高く評価されたのは、大顔合わせのなかで演じた「吉野川」の雛鳥、『絵本太功記』の初菊、「九段目」の小浪などである。すでに50歳を超えていたが、こうした義太夫狂言の娘役は、なまの若さやうつくしさではなく、鍛えられた伎倆や重厚感が物を言う。これらは、そうした本来の味わいをあますところなく発揮した名品だったのである。

しかし、その後は次第に扱いが下がり、長い不遇の時代が続いた。

戦後の「宗十郎歌舞伎」のよび名は、21年から22年にかけて、「明烏」の時次郎、「封印切」の忠兵衛、「河庄」の治兵衛などを演じたころから、だれ言うともなく広まったものらしい。22年7月には、三越劇場で一門を集めた「澤村会」と名づけた公演もおこなわれた。このとき演じた「刈萱」（高野山）、「伊勢音頭」の貢に「高賀十種」をうたい、その後に演じた「吉田屋」の伊左衛門、めずらしい「蘭蝶」なども加えられているが、役者人生の最終段階で、一挙に本領を発揮しつくす機会を得たことは、本人にとっても、また当時の観客にとっても幸せだったといわねばならない。若き日の三島由紀夫も、宗十郎の芸に

『妹背山婦女庭訓』　雛鳥

心酔した一人であった。

24年1月の新橋演舞場で演じた「先代萩」の頼兼と「毛剃」の宗七が東京での最後の舞台となり、宗十郎は巡業先の姫路で急死した。「五段目」の勘平で、花道を引っ込んだ直後、揚幕で倒れ、勘平の化粧のままで逝ったのである。そのことも、和事師宗十郎の人生を、うつくしく締め括ることになった。

宗十郎の写真で印象的なのは、太くぼかした目の下の目張りである。目の小さいのをカバーする工夫だというが、何とも不思議な古風さを感じさせる。せりふ廻しは粘っこく、「酸っぱい、酸っぱい」と言えば、彼の声色になるといわれた。それを嫌うむきもあったが、それもまた、大きな個性であろう。戸板康二は「身振りは、全身で、勘亭流の文字を描くようだった」(『女形のすべて』)と形容している。が、そうしたイメージをつなぎ合わせてみても、現代の我々が、その舞台を想像するのは、なかなかむずかしい。孫の九代目宗十郎に、そうした持ち味や気質の片鱗は、伝わっていたかと思われるが、その九代目も没した今では、わずかにもう一人の孫の現田之助が、紀伊国屋の弧塁を守るのみとなった。

六代目
尾上菊五郎

【おのえ・きくごろう】
明治18年(1885)8月26日・生
昭和24年(1949)7月10日・没

昭和24年は、名優が相ついで逝去した歌舞伎界の厄年だったが、七代目松本幸四郎や七代目澤村宗十郎が「明治歌舞伎の最後の人」といわれたのに対し、六代目菊五郎は、まだ64歳の働きざかりであり、しかも、戦前から実質的に歌舞伎界の頂点にいた人だけに、その死が与えた衝撃の大きさはくらべものにならなかった。

7月19日、築地本願寺における葬儀は〝芸術文化葬〟として盛大におこなわれ、芸能界はもとより、文壇、政財界から外交界におよぶ参会者の数は空前の規模となった。仏前には、生前、みずから考えた「芸術院六代菊五郎居士」の戒名が置かれ、死の直後に授与された文化勲章と、イギリスの名優ローレンス・オリヴィエから贈られた『リチャード三世』の短剣が飾られていた。演劇専門誌や芸能新聞は、こぞって別冊追悼号を刊行したり、追悼特集を組んだりした。菊五郎に関する雑誌記事は、年末になるまで跡を断たなかったという。

そうした当時の状況もさることながら、歌舞伎役者の歴史的評価というものは、没後、その人をリスペクトする後輩や批評・研究などの専門家がどれだけいたか、で決する面が強い。生前の人気ならば、團菊没後の明治末期から大正はじめにかけて、最大の人気役者は十五代目市村羽左衛門であり、続いて大正中期は二代目市川左團次、大正末から昭和のはじめが初代中村吉右衛門だったといわれる。菊五郎の人気も評価も、むろん、劣ることはなかったが、羽左衛門の華、左團次の知性、吉右衛門の熱にくらべ、十のものを七、八に見せてさらりと余韻を残すような菊五郎のさり気ないうまさは、生粋の東京人など都会派には支持されたが、万人向きではなかったのだろう。観客に媚(こ)びない演技、気が乗らないときは「舞台を投げる」といわれた自尊心の強い態度は、時に傲慢ともいわれた。彼が名実ともに歌舞伎界の第一人者となったのは、昭和6、7年ごろだが、後世におよぼした影響力の大きさにより、その名声は、没後さらに膨らんでいったと思われる。

私が歌舞伎に親しむようになった昭和40年代のはじめごろでも、六代目菊五郎といえば別格の存在という空気が子供心にも感じられ、単に「六代目」といえば菊五郎をさすという〝常識〟も、自然に刷り込まれた。今思えば、それは、六代目の芸と教えを受け継いだ養子の七代目尾上梅幸、女婿の十七代目中村勘三郎、弟子の二代目尾上松緑らが、そろって歌舞伎界の第一線に立っていたこと、唯一の歌舞伎専門誌だった『演劇界』に権威ある劇評を書いていた浜村米蔵、三宅三郎、安藤鶴夫、戸板康二といった人たちが、みな、六代目の信奉者だったことによるのだろう。

その影響力の大きさから、年忌ごとに追善公演がくりかえされたが、私の観た昭和46年5月の歌舞伎座では、若手による「寺子屋」にはじまり、松緑の『土蜘(つちぐも)』、梅幸の「野崎村」のお光と「妹背山御殿」のお三輪、勘三郎の「筆売り幸兵衛」などが並び、最後に菊之助時代の現菊五郎が初役で「鏡獅子」を踊った。誰もが、いつにない熱演で、故人に対する熱い敬慕の念を感じさせたし、この番組から、あらためて菊五郎の驚異的な芸域の広さを知らしめたのである。

戦時中、入場料を低く抑えるために、歌舞伎界は何人かの名優をそれぞれ軸とする〝一座〟に編成され、一座単位で公演をおこなう体制がとられた。その名残は戦後まで続いていたが、六代目没後の菊五郎一座70余名が、わずか一人を除き、そのまま結束して尾上菊五郎劇団となり、その流れが今日まで続いていることも、六代目の影響力をよく示すデータといえよう。

六代目菊五郎が五代目のはじめての実子として別宅で生を享け、九代目市川團十郎最晩年の6年間ほど、親しくその薫陶を受けたことはよく知られている。團十郎は、形よりも人物の精神、心理の動きを重んじるあたらしい演技術を確立したが、一方、舞踊の名手であり、舞踊によって鍛えられた身体の動きがその内面をあらわすという、歌舞伎本来の表現法をきわめた人だった。六代目にも、役の精神を踊るということをきびしく仕込んだという。父の血を享けて、六代目の本領も世話物だったが、團十郎からも舞踊と肚芸を学び、團菊双方の芸を正統に継承したという自負は、彼の生涯を支える矜持の源になったと思われる。

もともと六代目は、父ゆずりの美男ではあったが、丸顔で太っていて、調子も低いしゃがれ声という、歌舞伎役者としては不利な肉体条件だったし、歌舞伎特有の古風な陰影とはかけ離れた、陽性で近代的な健康美にあふれた人だった。明治42年の伊藤博文の国葬の折に、旧派（歌舞伎）・新派の俳優たちが大集合して撮影した写真が残っているが、古風な役者顔がそろっているなかで、洋服すがたの菊五郎の、いかにも新世代らしい風貌はひときわ目をひく。後年に至っても、趣味は猟銃、ゴルフ、野球などハイカラなもので、各界の名士と友達づき合いをした。画家の横山大観や前田青邨をよび捨てにするのを、初代吉右衛門は苦々しく日記に書き留めているが、二人の対照的な気質がみえておもしろい。

しかし、それだけに若いころの六代目には、まだ、自分の資質と伝統的な歌舞伎芸とのおり合いがつかない時期もあったらしい。團菊の死後、20歳を超えたばかりのころは、ほとんど、何をやっても不評の連続だったのである。ただ、明治38年5月、亡父の三回忌追善興行で初役でつとめた「弁天小僧」や、その翌月に演じた「忠臣蔵」の判官と勘平は好評で、このあたりは後年の片鱗をうかがわせるものがあった。

六代目の芸が飛躍的に充実したのは、プロローグにも書いた「市村座時代（二長町時代）」である。明治40年代をふくむ大正年間が、ほぼ、その時代と重なる。田村成義の方針にもよるが、この時期、力を入れたのは黙阿弥作品などの世話物と舞踊だった。

仮に大正3年、30歳までに演じた役を見ると、世話物では御所五郎蔵、「め組の喧嘩」の辰五郎、「塩原多助」の多助と道連れ小平、筆売り幸兵衛、「島衞」の島蔵、「文七元結」の長兵衛、髪結新三、「加賀鳶」の道玄・梅吉、直侍、魚屋宗五郎、時代物のなかの世話物の役では「鮓屋」のいがみの権太、「天下茶屋」の元右衛門、舞踊では「娘道成寺」「鏡獅子」をすでに初演しているのは壮観というほかはない。彼のために作られた『身替座禅』も明治43年、26歳の初演である。

とくに世話物では、30代になってから初演した「四千両」の富蔵、「宇都谷峠」の文弥と仁三、因果小僧、鼠小僧、「牡丹燈籠」の伴蔵などをふくめ、彼の当り役とされるものは、ほとんどこの時期に出そろっている。それらはほとんど父ゆずりの役だが、六代目は父の演出をくわしく調べつくすとともに、團十郎流の〝精神〟を重んじる演じ方を加味した。たとえば、魚屋宗五郎が酒を飲むくだりで、五代目は目の下に紅を塗って酔いをあらわしたが、六代目は演技だけでそう見せるようにあらためたのである。

舞踊でも、「鏡獅子」は團十郎が初演したものだが、前半のお小姓弥生で、六代目は女体のしなやかで流麗な動きをリアルに感じさせる踊り方をした。戦後、歌舞伎公演における振付を一手に担当していた六代目藤間勘十郎（初代勘祖）は、六代目梅幸の弟子で尾上梅雄といっていたのを、素質を見込んで六代目が振付師にした人だが、テレビの番組で「六代目さんは、それまで女方で踊っていたものを女で踊るようにあらためた」という表現をしていたのを思い出す。このあたらしい踊り方も、当初は「ぐにゃぐにゃ踊り」という酷評もあったが、現在の女方舞踊では、これが踏襲されているのだ。

一方、この時期には若い学生たちと交流を持ち、「黒猫座」や「狂言座」という研究会を作ってあたらしい脚本を上演する、という試みも見せた。これは、二代目左團次の活動に対するひそかな対抗意識のあらわれであったのだろう。しかし、六代目の新歌舞伎では、明治末年に演じた『桐一葉』の銀之丞、『桜吹雪』（長谷川時雨作）の勝子が好評だったのを別にすると、大正末期の『坂崎出羽守』『同士の人々』（山本有三作）、『生きてゐる小平次』『次郎吉懺悔』（鈴木泉三郎作）あたりまで、めぼしい成果は残していない。

六代目が新作で成功するのは、昭和になってからの松竹時代で、長谷川伸の『一本刀土俵入』『刺青奇偶』『暗闇の丑松』、宇野信夫の『巷談宵宮雨』『人情噺小判一両』などが作品として後世に残った。市井のあらゆる職業の人の特徴や生活感を巧みに描写し、そうした庶民の飾り気のない人情の機微を描き出す江戸世話物。その延長に立って、より近代的な人間描写を加えたこれらの作品が、やはり、六代目にはふさわしかったのである。左團次が、歌舞伎の伝統からまったく離れた地平から、広い意味での日本演劇にあらたな領域を拓いたのに対し、六代目は、あくまで歌舞伎の伝統のなかでの革新者だった。

ほかに、昭和期の仕事としては、まず『保名』『藤娘』『羽根の禿』『うかれ坊主』など、旧来の歌舞伎舞踊を、まったくあたらしい演出、振付に仕立て直したことがあげられる。

たとえば『藤娘』は、大津絵の画題がつぎつぎに抜け出て踊るという趣向の変化舞踊（小品舞踊の組曲）だったが、六代目は〝藤の精〟という西洋の童話のような設定にした。そして、岡鬼太郎があらたに作った「藤音頭」を挿入し、藤の精の娘が酒に酔いしれていくさまを見せるという、大胆で新鮮な感覚にあふれた大曲に生まれ変わらせたのである。

なお、六代目は門下の尾上志げるに名古屋西川流を継がせて二代目鯉三郎としたり、尾上琴次郎を尾上流の二代目家元にして初代尾上菊之丞を名乗らせたりした。こうして、舞踊に堪能な弟子を引き立てて、その資質を開花させるとともに、歌舞伎界のみならず、日本舞踊の世界にも、大きな影響をおよぼしたのである。

また、「合邦」の玉手御前、「野崎村」のお光やお染、「妹背山御殿」のお三輪、「吃又」の又平、「堀川」の与次郎、「五斗三番」の五斗兵衛などの義太夫狂言で、これも旧来の歌舞伎式演出を一新し、原作から導き出したあらたな解釈を示したことも、昭和期の仕事として特筆されよう。歌舞伎らしい遊びやこってりした味わいを封じた写実的な演出は、「菊五郎歌舞伎」ともよばれ、毀誉なかばしたが、舞踊にしろ義太夫狂言にしろ、結果的に彼の新演出が、現在では主流となっている。六代目が没したときに書かれた文章には、賛美の声とともに「六代目は天才だったが、あれは一代芸で後輩が真似するべきではない」といった論調も多かった。だが、評論家が何といおうと、後続の役者たちにとって、彼の新演出は「自分もあの型で演じてみたい」と思わせる魅力があるのだ。

五斗兵衛のような特殊な役は別として、時代物をあまり手がけなかったのは、肉体条件を考えてのことだろう。しかし、「四の切」の狐忠信や「忠臣蔵」の勘平では、父ゆずりの精緻な音羽屋型を、きっちりと演じた。菊五郎は、じつはあらゆる歌舞伎の技法、演目、役に精通していた人なのである。それだけに、歌舞伎の限界にいき着いてしまった人、ともいえるだろう。天才的なカンと間のよさ、鋭い観察眼、身体能力の持ち主だったが、一方で努力家、勉強家、一口にいえば稀に見る〝芸の虫〟だった。

天才は、凡人の思いもつかないひらめきを見せる。人に教えているときに、欠点を指摘するときの警句、譬(たと)えは、じつに的確でおもしろかったという。一方で、天才は不思議な稚気(ちき)、巧まざるユーモアを見せるときがある。菊五郎は、その意味でも逸話の多い人だった。

昭和5年、六代目は既成俳優の再教育という理想を掲げ、私財を投じて日本俳優学校を開設した。結局、集まったのは一門の子弟ばかりで（新劇や映画で活躍した卒業生はいるが）、次第に先細りとなり、事業としては失敗したが、このころ、六代目には「校長先生」とい

『仮名手本忠臣蔵』　早野勘平

うかけ声がかかったという。ずいぶん、無粋なかけ声だが、じつは本人は「先生」とよばれることが好きだったらしい。そうした稚気は、あの「芸術院六代菊五郎居士」という自作の戒名にも、通じるものがあるように思われる。

そうした人間的魅力と芸の魅力とが合わさったところに、多くの人をひきつけてやまない理由があったのだろう。

菊五郎が死んだとき、「六代目死んで友達うんと出来」という句を、誰かが楽屋の廊下に貼り出したという。死人に口なし、ここぞとばかりに故人との縁をいい立てる人も多かったのだろう。しかし、それだけではない。死後、六代目に関する新聞・雑誌の記事が絶えなかったように、誰もが彼を懐かしがり、〝自分だけの六代目〟を語りたがったに違いない。

二代目
實川延若

【じつかわ・えんじゃく】
明治10年（1877）12月11日・生
昭和26年（1951）2月22日・没

後続の役者たちからのリスペクトの大きさ、という意味からすれば、東の六代目尾上菊五郎に比すべき西の代表は二代目延若だろう。近代の関西歌舞伎では、中村鴈治郎家、片岡家、實川家をもって三大名家とするが、実子の三代目延若はもとより、二代目鴈治郎も、十三代目仁左衛門も二代目延若を格別に敬愛し、いくつかの役でその型を継承した。持ち味も芸風もまったく異なってはいるが、天性のカンのよさ、間のよさ、記憶力のよさ、覇気、芸熱心、芸域の広さといった言葉の上では、やはり菊五郎と共通するものがある。

しかし、彼の没後、ほどなく関西歌舞伎は内紛、分裂から衰退の道をたどる。本人にはどうでもよいことかもしれないが、西の歌舞伎が東の歌舞伎のように堅調な推移をとげていたら、延若の後世の名声はもっと高くなっていたかもしれない、と思ったりもする。明治後期から昭和前期にかけての関西で、17歳の年の差がありながら、延若は初代鴈治郎に次ぐスターだった。長谷川幸延は「鴈治郎の大阪は、実に色彩的ではあったが、あくまでそれは美化し、詩化し、浄化されたものであった。それに比して延若の大阪は、どこまでも裸で、生々しく、あるがままの素地でたたきつけた大阪ではなかったか」(『新・おんながた考』)と二人の印象を端的に記している。世代によって違いもあろうが、長谷川のように「いちばん好きな役者は延若」という大阪人も多かったのである。

明治前期の大阪劇壇では、中村宗十郎と初代延若が、東の團菊のように並び立っていたが、延若の和事芸は、師である二代目實川額十郎(目が不自由だったので「盲の額十郎」とよばれた幕末期の名人)の芸風を継承した派手で古風なものだった。その芸風や当り役は、ほとんどそのまま、息子の二代目に受け継がれたようである。一方、初代鴈治郎は、宗十郎の知性や品格など、近代的な洗練を加えた芸風を多く継承した。つまり、延若は鴈治郎より、古風で土俗的な上方歌舞伎本来の味を持っていた、といえよう。

艶福家(その点では東の十五代目羽左衛門に比せられる)で奔放な人生を生きた延若。しかし、大阪の芸能をこよなく愛した劇評家の山口廣一(『延若芸話』の編者)は、「その生涯の花やかさとは裏はらに、実は悲運の宿命に泣いた生涯だった」という見立てをしている（『演劇界』昭和46年9月号）。それは、延若と同時代の多くの人も感じていたことだったようだ。

少年時代の悲惨な境遇にはじまり、いちばん元気な時代に初代鴈治郎に頭を押さえられていたこと、当り役だった「夏祭」の団七、「乳貰い（ちちもらい）」「油屋与兵衛」などが、大正末ごろから〝良風美俗に反するもの〟として上演禁止になってしまったこと、鴈治郎没後、いよいよ彼の時代が来たと思われたときに健康を損ないはじめていたこと、などがその理由である。

初代延若は息子を役者にすることを好まず、二代目の初舞台は父の没後だった。名門の出とはいえ、劇界の孤児という境遇。しかも、道頓堀の興行師だった三栄こと三河屋安五郎の手代と母が不倫の関係を結ぶという出来事があり、家財は食い潰されて、少年時代の二代目（当時は初代延二郎）は、住む家さえなかったという。

それでも、孤児の悲哀を知る十一代目仁左衛門の引き立てなどがあり、やがて延二郎は京都と東京を行き来しつつ、若手歌舞伎でめきめきと駿足を伸ばしていく。東京では二座はおろか三座かけ持ちという月もあり、そのうちの一座は横浜ということもあった。

明治36年、道頓堀に迎えられるが、このときには、すでにひとかどの人気役者になっていた。『女殺油地獄』の復活上演が好評を得たのは42年で、これは今日まで歌舞伎のレパートリーとして定着している。大正4年、浪花座における延若襲名では『鐘もろとも恨鮫鞘』の古手屋八郎兵衛を演じているが、これも彼の代表作だった。

そもそも、彼の芸域は驚異的に広く、立役、女方、老け役いずれもできたし、立役では和事、実事、敵役と、どれも本役だった。「忠臣蔵」で師直、由良之助、与市兵衛、勘平、定九郎、平右衛門、戸無瀬の七役を早替りで見せる上方演出も、現行のものは彼が考案したやり方である。髪結新三や切られ与三郎のような江戸歌舞伎、二代目左團次系の新歌舞伎や翻訳劇もやれば、新派の一座に加入したこともある。天性のカンのよさによるのだろうが、どんな種類の芝居でもこなして見せるという、燃えるような覇気を示したのである。しかも、負けん気の強い延若は、人に頭を下げて教えを乞うということを好まず、どんな役でも、ほとんど自分で研究して型をまとめあげたのだという。

それだけに、〝器用貧乏〟と評されるむきもあったが、延若は、彼ならではという本領をしっかり持っていた。それは實川家の額十郎系の和事である。

幕末期の上方歌舞伎には、歌舞伎としてはめずらしい「喜劇」というべき作品群があった。主人公は和事の二枚目だが、和事のなかにある滑稽味を強調して笑いを取る作柄のものである。「乳貰い」「雁のたより」「とんとんの三吉」『小さん金五郎』「油屋与兵衛」など、内容的には馬鹿馬鹿しいが、役者の身に備わった色気と当意即妙の技巧で楽しませるといったもので、これが額十郎系の和事である。

初代鴈治郎は、この系統の作品をほとんど手がけていない。彼が得意とした紙屋治兵衛や亀屋忠兵衛は、改作に拠ってはいるものの、ベースには近松門左衛門の〝文学〟があったし、彼はむしろ新作にその和事芸を発揮した。それに対し、延若は役者の腕ひとつで見せる古風な上方歌舞伎に本領を発揮したのだ。

延若のもうひとつの財産演目は、悪の利いたふてぶてしい面構えが生きる「千本桜」のいがみの権太、「廿四孝」（筍）の横蔵、「先代萩」の仁木、「夏祭」の団七九郎兵衛、「天下茶屋」の元右衛門などであり、『怪談乳房榎』では、三遊亭円朝の原作にない蟒三次という悪人の役を創作し、朴訥な下男正助、絵師の菱川重信を加えた三役を、本水を使った立ち回りをからめて早替りで見せることを考案した。

これらの当り芸の多くが上演禁止となったことは、やはり大きな痛手だった。それでも、いがみの権太や横蔵、禁止を逃れた「雁のたより」『小さん金五郎』、昭和18年になぜか一度だけ上演を許可された「夏祭」の団七などは、精力の衰えた晩年の舞台のみを知る人た

『夏祭浪花鑑』　団七九郎兵衛

ちにとっても印象深く、後世まで語り草になっているものである。

初代鴈治郎在世中の延若は、つねに二軍の立場に置かれ、めぼしい共演者も得られない小一座で孤軍奮闘することが多かった。それだけに、鴈治郎の出し物で脇に回った舞台では格別の闘志を燃やした。「鎌倉山」の三浦荒次郎、「封印切」の八右衛門、「引窓」の濡髪、『椀久末松山（わんきゅうすえのまつやま）』の定之進などで、鴈治郎の源左衛門、忠兵衛、与兵衛、久兵衛と拮抗し、火花を散らす舞台のおもしろさはすばらしかったという。

その鴈治郎が昭和10年に没し、延若は上方歌舞伎の第一人者の地位に立った。しかし、そのころから、延若の舞台には、往年の精彩が薄れてきたといわれる。壮健を誇った彼も、昭和初年に、第一回の脳梗塞（のうこうそく）の発作を起こしていた。そうした健康上の理由に加え、鴈治郎という目標を失った喪失感もあったのかもしれない。鴈治郎の面影を忘れられない観客のために、『藤十郎の恋』など、故人の当り役を演じたのも得策ではなかった。

それでも、「双蝶々（ふたつちょうちょう）」（橋本）の甚兵衛、「沼津」の平作など、義太夫狂言の老け役は、晩年の当り役となった。戦後は、さらに足腰が不自由となったが、ほとんど座ったままで演じられる「大晏寺堤（だいあんじづつみ）」の春藤治郎右衛門は大きな話題となったし、24年、毎日演劇賞を受けた記念に上演した「楼門（さんもん）」の石川五右衛門は、その錦絵美と名調子で観る者を圧倒した。

この「楼門」は、幸い記録映画に残されている。最晩年のこの一役だけで延若を語ることはむろんできないが、後世の我々にとっては、やはり貴重な資料といわねばならない。翌25年には東京劇場でもこれを演じ、東の観客にも異様なまでの興奮を引き起こしたという。この年、芸術院会員に推挙されている。

最後の舞台になったのは、26年1月の「八陣」(御座船)の佐藤正清。50年も前に、七代目團蔵で一度見ただけのこの役を覚えていて、初役で演じたのである。

延若の持ち味は、次男の初代延之助によく伝わっていたというが、延之助は父に先立つ昭和12年に早世。長男の三代目延若は女方から出発した人だけに、大分、芸風は違ったが、父の当り役を積極的に手がけ、東京でも独自の型を見せてくれた。その三代目も後継者を得ぬまま、平成3年に没したのは残念だが、二代目延若の型は、二代目鴈治郎、十三代目仁左衛門、現在の坂田藤十郎らの流れからも、今日の関西歌舞伎のなかに生きている。

初代
中村吉右衛門

【なかむら・きちえもん】
明治19年（1886）3月24日・生
昭和29年（1954）9月5日・没

昭和29年、初代吉右衛門が死んだ。苦しい戦中を生き抜いてきた戦前からの名優たちも、この20年代の間に、あらかたすがたを消したことになる。七代目坂東三津五郎、二代目市川猿之助（のちの初代猿翁）は、なお健在だったものの、すでに世代交代は進んでいた。24年に六代目尾上菊五郎が死んでからこの年までに、八代目松本幸四郎、十七代目中村勘三郎、六代目中村歌右衛門の襲名がおこなわれ、この三人に九代目市川海老蔵（のちの十一代目團十郎）、七代目尾上梅幸、二代目尾上松緑を加えた〃戦後第一世代〃の六人が、興行の主軸となっていたのである。吉右衛門の死は、そうした世代交代を決定的に印象づける出来事だった。

この5年間で、歌舞伎の置かれた位置も大きく変わった。菊五郎が、死後に文化勲章を贈られたのに対し、吉右衛門は26年、俳優としては第一号になる生前の受章をはたした。これは前年、文化財保護法が制定され、伝統芸能を「無形文化財」とする考え方が示されたことと無関係ではないだろう。記録保存の重要性を唱える声も高まり、吉右衛門主演の舞台に関しては「熊谷陣屋」（25年）、「寺子屋」（同年）、「盛綱陣屋」（28年）の三本が、いずれも観客を入れたライブの形で撮影された。菊五郎の場合も、『鏡獅子』と『勧進帳』の義経があるが、『鏡獅子』は小津安二郎監督の映画作品として作られたものであり、義経は菊五郎の当り役のひとつではあっても、代表作とは言えない。それに対し、吉右衛門の場合は代表作である義太夫狂言の時代物三本が後世に残されたのである。それは、同時代の娯楽だった歌舞伎が、古典演劇と認識される時代へと変わっていく道筋をあらわすものでもあった。菊五郎はもとより、吉右衛門にしても、「芸は生きている間がすべて」という気持ちはあっただろう。千谷道雄の『吉右衛門の回想』にも、そうした吉右衛門の言葉が記されている。しかし、吉右衛門の至芸を、せめて映像で残したいという関係者の熱意もまた、時代の趨勢（すうせい）であったのだ。

これらの映画にみる吉右衛門は、さすがに晩年だけに衰えも感じさせるが、背筋をピンと張った痛々しいまでの悲壮感が胸を搏(う)つ。過酷な運命に立ち向かう人間の魂の呻(うめ)き。それを切々と表現し得たところに、けして柄には恵まれなかったにもかかわらず、時代物の英雄役者たり得た理由があった。そして、もうひとつ印象的なのは、吉右衛門のせりふ、動きから滲(にじ)み出る、何ともいえない〝うま味〟である。

吉右衛門の父は三代目中村歌六。小さい一座の二番手あたり、大一座では脇役に回ることが多いといった地位の人で、けして一流の役者とは言えなかったが、上方役者らしい派手で陽気で味の濃い、愛嬌のある芸風だった。それに対し、吉右衛門は内気で小心な性格から、役者になるのは嫌だったという。初舞台が明治30年、数え年12歳のときと遅かったのもそのためだろう。しかし、ひとたび舞台に立つと、その演技は人々を驚嘆させた。彼は父歌六の血を受け継いで、天性、観客の心を摑(つか)む力を持った役者だったのである。

抑揚、緩急に妙を得た巧みなせりふ廻しは、その意味内容と関係なく、聞く人を陶然とさせる。動作の間やイキも同様で、とくに義太夫狂言の、三味線のリズムに乗った身のこなし、いわゆる〝絃(いと)に乗る〟演技は、心地よい快感を誘うものである。現代の歌舞伎役者は、どうもこの絃に乗る演技が不得手だが、吉右衛門は、理屈抜きに観客を楽しませるという歌舞伎芸の妙諦(みょうてい)を、早くから身に備えていたのである。そうしたうまさに磨きをかけたのが、初舞台から間もなくはじまった子供芝居だった。
無邪気な子供が、教えられるままに大人の役をつとめるすがたは、微笑ましく、好意的に受け取られやすい。しかし、それだけに慢心を生じたり、芸が小さく固まったりしてしまう弊害がある。九代目團十郎などはそうした考えで、一門の子供を出演させることを好まなかったという。だが、吉右衛門はこの5年ほどの子供芝居でスター（のちには座頭）として演じた多くの役を通して、その芸の基盤を固めていったのだ。

子供芝居を終えた明治35年、吉右衛門は歌舞伎座に迎えられ、九代目團十郎の薫陶を受けることになる。もっとも、團十郎は翌年に没してしまうが、吉右衛門の芸には、早くから團十郎の影響があった。それは、母のきびしい指導によるものである。

吉右衛門の母は、江戸三座のひとつ、市村座付きの芝居茶屋である萬屋の娘で、生粋の江戸っ子である上に、團十郎の崇拝者だった。それで、夫・歌六の上方系の芸が息子に伝わるのを好まず、役の精神を重んじる團十郎の肚芸を学ばせようとしたのである。後年の話だが、吉右衛門が自分の吹き込んだレコードを聞いていると、母は「この嫌な震え声は何事だ」と言って、レコードを叩き割ってしまったという（『吉右衛門自伝』）。

こうして、歌六系の芝居上手に團十郎の精神主義を加えた、吉右衛門独自の芸が作られていくのだが、彼にはもうひとつ、七代目市川團蔵の芸脈もあった。團蔵は團菊と同世代で、二人に優るとも劣らない名人と評する人もいたが、気むずかしい性格がうとまれて、長く地方回りを続けていた。それが、團菊没後の歌舞伎座へ迎えられたのである。その渋い写実芸と反骨精神を受け継いだ吉右衛門の代表作に、「馬盥(ばだらい)の光秀」、「佐倉宗吾」、黙阿弥の「縮屋(ちぢみや)新助」などがある。当り役とまでは言えないが、実盛や勘平を團蔵型で演じたのも、この世代では特色を示すものとなった。

また、38年、名題披露の出し物とした「石切梶原」は、初代市川左團次以来、上演が絶えていたのを復活したもので、これも生涯の当り役となった。左團次系統では、ほかに「籠釣瓶(かごつるべ)」の佐野次郎左衛門という傑作もある。

このように、明治41年に菊五郎と市村座の若手歌舞伎に加わったとき、吉右衛門は若くしてさまざまな系統の芸を咀嚼(そしゃく)し、すでにひと通り〝出来上がった人〟だった。さしたる門閥がないにもかかわらず、恐るべき実力を持ったこのライバルの存在が、菊五郎の闘志をかき立て、その芸を急成長させたともいわれるが、当初は芸も人気も、吉右衛門の方が数段上だったのだ。夏目漱石の弟子でドイツ文学者の小宮豊隆が「中村吉右衛門論」を発表し、話題になったのは44年である。

市村座では、吉右衛門は時代物を担当し、かたわら、菊五郎の黙阿弥系の世話物で相手役をつとめた。江戸弁も上方弁も自在に操ることができた吉右衛門は、黙阿弥物でも、巧みなせりふ術と人間描写のおもしろさで、菊五郎と白熱の舞台を見せたのである。

それだけに、大正9年、吉右衛門がその市村座を脱退し、松竹の傘下に移ったことは、一大事件として騒がれたらしい。移籍当初は、新境地をめざして現代劇にも挑戦した。が、元来、彼は新作が嫌いだった。熱心な法華経信者で、加藤清正を演じることを好んだため、『二条城の清正』（吉田絃二郎作）は吉右衛門初演の新歌舞伎として現在まで残ったが、松竹時代の昭和期は、いくつかの初役を除くと、市村座時代までに手がけた古典の役を、じっくりと熟成させ、完成させることに心血を注いだようである。やはり、古劇のなかに豊かな人間味を盛り込んだ清新な感覚を見せるところに、彼の本領があったというべきだろう。

あらためて吉右衛門の当り役をあげると、義太夫狂言の時代物では熊谷直実（なおざね）（「陣門・組打」「熊谷陣屋（くまがやじんや）」）、「寺子屋」の松王丸と源蔵、「盛綱陣屋」の佐々木盛綱、「一条大蔵譚（いちじょうおおくらものがたり）」の大蔵卿、「逆櫓（さかろ）」の樋口、「俊寛」の俊寛僧都、「三代記」の佐々木高綱、「伊賀越」の政右衛門、「八陣」の正清など。同じく世話物では「沼津」の重兵衛、「引窓」の十次兵衛、「夏祭（なつまつり）」の団七九郎兵衛、「封印切」の忠兵衛など。純歌舞伎では、「河内山」「湯殿の長兵

『一谷嫩軍記』　熊谷次郎直実

衛」など團十郎系の世話物や、菊五郎の相手役として演じた黙阿弥物の「四千両」の藤十郎、「髪結新三」の弥太五郎源七、「宇都谷峠」の重兵衛、「加賀鳶」の松蔵、「小堀政談」の弁秀など。役者らしい愛嬌で、法界坊や「お土砂」の弁長など、喜劇的な役でも成功した。父・歌六の遺産としては、「袖萩祭文」（袖萩と安倍貞任の二役早替り）、『松浦の太鼓』『弥作の鎌腹』などがあり、あとのふたつは、『二条城の清正』などの〝清正もの〟とともに「秀山十種」（秀山は吉右衛門の俳名）に数えられている。これに前記の團蔵系、左團次系の演目が加わる。

こう見ていくと、古典歌舞伎の立役において、まことに多彩な活躍をしたことがわかるが、とりわけ吉右衛門の功績は、義太夫に対する深い素養と作品の正しい解釈をもとに、義太夫狂言の演技・演出を整理し、模範的な型を今日に残したことだろう。

吉右衛門は、謹厳実直で口下手で、芸談などは苦手な人だった。決まって口にするのは「役者は一生修業」「毎日が初日」という言葉だった。しかし、舞台の演技を通して、そうしたありきたりのフレーズを生きた実感として納得させたところに、彼の偉さがあったと思う。一面、絵や小唄や俳句をよくしたというのは、詩を深く解する風流心を持つ人だった証しであり、そのことが、吉右衛門の舞台に独特の味わいを添えていたのだろう。

三代目 中村時蔵

【なかむら・ときぞう】
明治28年（1895）6月6日・生
昭和34年（1959）7月12日・没

三代目時蔵は、三代目中村梅玉、七代目澤村宗十郎亡き後、女方のトップに立った人である。昭和22年11月の東京劇場で、戦後最初にして最大の顔合わせによる「忠臣蔵」の通しが実現したとき、時蔵の本役はおかるであり、さらに途中で体調を崩した梅玉の代役で戸無瀬(となせ)をつとめた。52歳のこの時点で、時蔵はそういう位置にいたのである。

三代目中村歌六の次男、つまり初代中村吉右衛門の弟で、腹違いの弟に十七代目中村勘三郎がいる。この〝播磨屋三兄弟〟に共通することは、歌舞伎が庶民の娯楽だった時代の素朴な楽しさを、身に備えていたことだろう。それはまさしく三代目歌六の血であったが、女方でありながら、時蔵がいちばん、そうした父の気質を受け継いでいたようである。ふだんは異常にせっかちで、陽気で、他人の物真似などもうまかったらしい。

明治34年10月歌舞伎座の『靭猿』で、五代目尾上菊五郎の猿曳に小猿をつとめ、本格的な初舞台を踏む。その後、兄吉右衛門に従って市村座の若手歌舞伎に出演、ここでは菊五郎の弟子の市川男女蔵（のちの三代目左團次）と〝御神酒徳利〟とよばれて名コンビとなった。「直侍」でこの二人が新造で出ると、パッと花が咲いたようだったという。時蔵（当時は二代目米吉）の方は、「馬盥の光秀」の桔梗、「加賀鳶」のお朝、「牡丹燈籠」のお露、「新薄雪」の薄雪姫など、可憐な娘役が、とくに好評だった。

大正5年の時蔵襲名では、『嫗山姥』の八重桐をつとめたが、弱冠21歳で、この歌舞伎味の濃い古風な役が似合ったというところに、この人の後年の芸風が暗示されている。

大正10年、市村座を脱退して松竹に移った吉右衛門は、一族門弟のほかに、やはり市村座を脱退した七代目坂東三津五郎、それに五代目中村歌右衛門の長男の五代目福助を加えた一座を作る。この一座で、時蔵は、当然、吉右衛門の相手役をつとめる立場にあったが、立女方の役は福助にいくことが多かった。福助は、何といっても大御所歌右衛門の息子である。しかも、天性の気品と美貌で女性ファンを魅了し、「慶ちゃん福助」の愛称で親しまれたスターだった。時蔵としては、やや不遇の時代であったといえよう。

そうしたなかで時蔵は、大正14年4月、邦楽座で15日間におよぶ「修行会」と名づけた自主公演をおこなった。これは彼の芸歴上でも、特筆されるべき大きな仕事であろう。関東大震災で延び延びになった計画が、はからずも20代の最後に実現したものだというが、小山内薫、里見弴(さとみとん)、久保田万太郎、内山理三（雑誌『新演芸』編集長）後見、岡鬼太郎、遠藤為春世話人という、吉右衛門のブレーンがこぞって協力する体制で、古典、舞踊、新作をそろえた演目を、じっくりときびしい稽古を積んで見せるというものだった。

そして、昭和8年、福助が惜しまれて夭逝(ようせい)したころには、吉右衛門と時蔵は、本格的な〝夫婦役者〟となっていた。

近代の夫婦役者といえば、十五代目市村羽左衛門と六代目尾上梅幸が有名だが、この二人も、それと並ぶ名コンビだったといわれる。なにしろ兄弟のカップルだけに、気心も知れ、年齢の釣り合いもいい。しかも、二人の持ち味が共通していたことが、何といっても強みだった。吉右衛門の「佐倉宗吾」「湯殿の長兵衛」「引窓」「伊賀越」「熊谷陣屋」「梅の由兵衛」などで時蔵がおさん、お時、お早、お谷、相模、小梅をつとめた舞台は、このコンビの傑作であったし、時蔵としても、こうした世話女房やそれに準じる役が、もっともその芸質に適(かな)う当り役だった。陽気な性格とは裏腹に、貞淑さゆえの悲劇に泣く封建女性の役が似合ったのである。雑誌『演劇界』の編集長だった利倉幸一は「時蔵はひいひい泣く役がうまい」と言ったそうだが、これは実感のある言葉である。そうした時蔵がいたことは、女房役者に恵まれなかった菊五郎にくらべて、吉右衛門の幸せでもあったのだ。その意味では、この昭和前期が、時蔵のもっとも本領を発揮した時期ともいえる。

しかし、戦後の時蔵は、さらに積極的に新境地を拓いていった。吉右衛門が、芝翫（のちの六代目歌右衛門）を相手役に起用しはじめたこともあるが、時蔵は一座を離れてフリーになり、政岡、重の井、定高などの〝片はずし〟を本役としていく一方で、敬愛する六代目梅幸系の「志度寺」のお辻や「身売りの累」のかさね、あるいは四代目源之助系の悪婆ものである「切られお富」「女団七」などを進んで手がけたのである。立役にも意欲を示し、古典はもとより、谷崎潤一郎作『十五夜物語』の浦辺友次郎にも挑戦した。この友次郎は新作における時蔵の傑作といわれたが、幸いＮＨＫに映像が残されている。

ＮＨＫといえば、ほかに「合邦」の玉手御前があるが、これまた、時蔵の芸質をよく物語る貴重な資料である。線の太い厚手の存在感と〝絃に乗る〟演技による熱狂で、この作品の古怪な世界に観る者をひき込んでいく古風な女方芸。しかも、そこには芝居をすることが楽しくて仕様がないというような、役者気質もあふれている。

『菅原伝授手習鑑』　千代

34年2月歌舞伎座の「忠臣蔵」でも、判官、「七段目」のおかる、「八段目」の戸無瀬の三役を受け持ち、元気な舞台を見せていたが、その後、東映映画の『蜘蛛の巣屋敷』を撮影中、風邪をこじらせたのがもとで床に就き、間もなく長逝した。

時蔵は五男五女の稀に見る子福者だった。男の子のうち、長男は二代目歌昇（現在の歌六、又五郎の父）、三男は初代獅童（現在の獅童の父）だが、時蔵の女方芸は次男の四代目時蔵（現在の時蔵、錦之助の父）に継承された。そして、四男は映画界の超人気スターとなった中村錦之助（のちの萬屋錦之介）、五男が現在も健在の中村嘉葎雄（前名賀津雄）である。

『蜘蛛の巣屋敷』は錦之助主演の時代劇だが、これには二代目歌昇、四代目時蔵（当時は六代目芝雀）、賀津雄、それに今の歌六（当時は四代目米吉）ら、一族がそろって出演している。芸術院会員となっても、こうしたことを、何のこだわりもなく楽しんでしていたところが、いかにも時蔵らしい。そしてこの映画では、これも彼の持ち味を生かした当り役のひとつである『女暫（おんなしばらく）』が、わずか数分ながら劇中劇として見られるのが一興である。

七代目
坂東三津五郎

【ばんどう・みつごろう】
明治15年（1882）9月21日・生
昭和36年（1961）11月4日・没

「踊りの神様」とよばれた七代目三津五郎は、芸術院会員、人間国宝、文化功労者の認定など、多くの栄誉に包まれて生涯を終わった。けしてスター性のあった人ではない。若いころは別として、舞踊以外の出し物をする機会もほとんどなかった。にもかかわらず、晩年、これだけの顕彰を受けたのは、地味でも本格の芸を備えた人こそ文化財の名に値する、という当時の評論家や研究者たちの見識が、強く反映したためである。そしてその評価は一般の見物をも感化し、自然に浸透していった。そうした時代に巡りあえたことで、頑（かたく）なに自己の信念をつらぬいた彼の役者人生も、大団円を迎えたというべきだろう。

しかし、そこに行くまでの道のりは、多くの忍従を重ねたものだったのである。

三津五郎の父は、江戸三座のひとつである守田座の最後の座元、十二代目守田勘弥である。敏腕な興行師だった勘弥は、明治になるといち早く都心の新富町に劇場を移し、新富座と改称。團菊左といった当時の名優たちを擁し、政府高官や海外からの賓客などを招いて、明治10年代には「新富座時代」とよばれる華やかな絶頂期を築いた。しかし、そうした事業にかかわり続けたため、死後には膨大な借金を残したといわれる。

三津五郎は、明治22年、二代目八十助(やそすけ)を名乗って初舞台を踏んだが、子供のころは芸だちが悪かったので、團菊の先輩で踊りの名手だった四代目中村芝翫(しかん)に預けられた。芝翫とその妻のおみち、および名人花柳勝次郎のきびしい指導で、踊りの基礎が作られたと本人は語っている。その後は子供芝居で活躍するようになるが、16歳の明治30年、父が病没。当時の金額で80万円という借金を残した勘弥の死で、劇界の孤児となった八十助は五代目菊五郎に預けられることになる。が、その菊五郎も6年後に没した。

この間、歌舞伎座などで、名優たちの至芸に身近に接し得たことは、後々、三津五郎の大きな財産となった。しかし、当時はまことに心細い身の上だったのである。

実母も、彼の幼時にすでに没しており、勘弥の後妻の腹には異母弟の三田八があったが、この後妻の工作により、長男として当然八十助が継ぐはずだった勘弥の名跡も、三田八が継ぐことになる。八十助に与えられたのは三津五郎という名前だった。もちろん、これも江戸歌舞伎の大名跡だが、先代が没してから七代目の襲名まで30年余。当時は、なかば忘れられた形だったのだ。温厚な彼も、このときばかりは泣いて口惜しがったという。

しかし、文化・文政時代の名優で舞踊が得意だった三代目三津五郎の弟子の娘である二代目坂東三津江をはじめ、当時は坂東姓を名乗る女流の踊りの師匠が大勢いた。三津五郎は、それらをまとめて舞踊・坂東流を今日の隆盛に導く基礎を作ったのである。

40年からは、弟の勘弥とともに市村座の若手歌舞伎に出演、三津五郎は座頭（ざがしら）となった。しかし、興行成績はふるわず、翌年から加入した六代目菊五郎、初代吉右衛門が、やがて市村座の看板となっていく。ここでも三津五郎は忍従を強いられる形だった。もともと小柄で童顔、奇声の彼は、スターとなるべき肉体条件に恵まれていなかったのだ。

しかし、舞踊はこのころから評価が高く、単独で演じたものにも、もちろん名品は数多いが、六代目菊五郎との名コンビにも定評があった。古典では『三社祭』『勢獅子（きおいじし）』など、また、座付き作者の岡村柿紅が二人のために書き下ろした狂言種の松羽目（まつばめ）舞踊、『身替座禅』『棒しばり』『太刀盗人』などが、とくに好評だったものである。

市村座を脱退してからも、踊り以外では不遇という状態に、あまり変化はなかったが、その舞踊には、いよいよ磨きがかかっていった。三津五郎の踊りのレパートリーには、三代目三津五郎以来の坂東家の踊りより、四代目芝翫から受け継いだ歌右衛門系の踊り（「六歌仙」『靭猿（うつぼざる）』『舌出し三番叟（さんばそう）』など）が多いが、いずれも古格を守った楷書の踊りで、しかも自然で軽妙洒脱なものだったといわれる。一方、明治の名優たちの芸を詳細に記憶した該博な知識も、劇界内外の高い崇敬と信頼を集めるようになった。

養子の八代目三津五郎は、小さいときから七代目に、能楽堂や美術館へよく連れていかれたという。七代目は、歌舞伎界きっての能楽（能・狂言）好きだったが、けして自分が踊るとき、その真似をするということはなかった。むしろ、能楽の演技や古い歌舞伎の絵画などを通して、日本の舞や踊りの流れ、さらに歌舞伎舞踊の成り立ちや変遷といったものを、考えたのだと思われる。伴奏音楽の種類による踊り方の違いはもとより、古い振りの研究を通して、初演の役者や振付師の個性の違いなどまで、心得ていた人である。

一方、舞踊以外のせりふ劇では、出し物をする機会が少なかったため、その本領とするべき役柄を見定めるのはむずかしいが、肉体条件から、若いころから女方や和事の役は多かった。しかし、どんな役柄を受け持っても、それに応じた発声から動きまで、正しく仕分けたという。私などは、残された彼の写真に〝丸味〟というものをつねに感じる。これ

『道行初音旅』　佐藤忠信実は源九郎狐

は、踊りの素養が生み出す自然のまろやかさであろう。荒事のような力の芸にも、この丸味は必要なものであり、『矢の根』の曽我五郎や「車引」「賀の祝」の梅王丸、「先代萩」の男之助などが当り役に数えられるのも、小さい身体ながら、芸として見せる洗練された荒事の骨法が、正しく備わっていたためだと思う。三枚目風のとぼけた味もよく、吉右衛門の映画『盛綱陣屋』で演じている伊吹藤太は、この種の役のお手本といえよう。「藤弥太物語」の藤弥太は、若い時代に復活上演したもので、敵役ながら古風でユーモラスな赤っ面の役である。これは、その後の三津五郎家の〝家の芸〟のようになった。

『三津五郎芸談』『三津五郎舞踊芸話』などの芸談集が残されているが、前者には彼が吸収、蓄積した名優たちの芸について、後者には具体的な曲に即した芸談とともに踊りの基本的な事柄について記されており、じつに興味深い内容である。文筆に長けた八代目が書き残した逸話も貴重なものが多い。また、映画の『喜撰』やＮＨＫに残る『越後獅子』その他の記録映像からも、踊りにおけるその至芸の一端を窺うことができよう。

初代 市川猿翁

【いちかわ・えんおう】
明治21年（1888）5月10日・生
昭和38年（1963）6月12日・没

猿翁、とここではおもに書くことにするが、本当は二代目猿之助とする方がふさわしい。明治43年、父の初代猿之助が二代目段四郎と改名し、同時に、当時初代團子を名乗っていた猿翁が、二代目猿之助を襲名した。それから50余年、彼の主要な仕事は、すべてこの名前でおこなわれたのである。昭和38年、孫の現猿翁に猿之助の名前をゆずり、自身は隠居名の猿翁を名乗ることになったが、そのときすでに病篤（あつ）く、5月の歌舞伎座での襲名披露公演で役をつとめることも叶わなかった。しかし、最後の3日間だけは無理をおして口上の席に列座。同じく病床にあった長男の三代目段四郎（現猿翁と段四郎の父）もこれに倣（なら）った。そしてその半月後には、猿翁はこの世の人ではなかったのである。

ちなみに、孫の三代目猿之助も、昭和40年代から平成にかけて、猿之助の名前で歌舞伎界を活性化するめざましい活躍を続けたが、やはり甥である現猿之助にこの名跡を託して、自身は二代目猿翁となった。このため、市川猿之助の名跡は、初代が明治23年に名乗ってから今日まで、一日も途絶えることなく存在していることになる。近代に生まれたあたらしい家なればこその、革新や反骨の気風。猿之助の名跡は、そうした澤瀉屋の精神を象徴するものとして、扱われているのであろう。そして、その原点となったのが二代目猿之助、すなわち初代猿翁だった。

　猿翁の父二代目段四郎は、大部屋役者の子に生まれ、九代目市川團十郎の門弟となった。抜擢を妬まれ、それがもとで小芝居に出演するうち、團十郎に無断で『勧進帳』を上演したために破門されるなど、波乱に満ちた青年期を送ったが、のちに團門に復帰。師匠の三回忌追善興行では『勧進帳』の弁慶をつとめ、その後は歌舞伎座の幹部の一人にまで出世した。猿翁も、そうした父のすがたを間近に見て、青雲の志を抱いたであろう。

　もちろん、〝家の権威の確立〟というような古い価値観に、猿翁が捉われていたわけではなかろう。彼は、一個の舞台芸術家として何をすべきか、どう生きようかということだけを、つねに考え続けた人だったように思われる。明治・大正という時代にはまた、そうした個人主義的な考え方を歓迎する気風が、演劇の世界にも台頭していたのである。

猿翁が初舞台を踏んだころは、父も團門に復帰していた。だから、猿翁も九代目團十郎の弟子ということになる。子役から子供芝居という、お定まりのコースで古典歌舞伎の修業をするうち、彼は父の許しを得て、京華中学に進学した。歌舞伎界では未曾有(みぞう)の出来事である。五年間の中学時代の間に、二代目市川左團次から小山内薫を紹介され、左團次の洋行のときは、二人で横浜からその船を最後まで見送ったという。8歳年長のこの二人は、当時の猿翁にとって兄のように頼もしく、何でも影響を受けてしまう存在だったのだろう。左團次と小山内薫が旗揚げした自由劇場にも、猿翁の團子は毎回参加している。

もっとも、このころの猿翁は、この自由劇場と、その影響で大正2年に自身が主宰した「吾声会(ごせいかい)」以外に翻訳劇や現代劇を演じる機会はほとんどなく、通常は父に従って古典歌舞伎に出演していた。それが、大正8年の欧米視察を機に、大きく変わる。

歌舞伎役者の洋行は、左團次についで二人目である。というより、これもあこがれの左團次を真似した行動だったと言えなくもないが、猿翁にとっては、とりわけロンドンにきていたロシア・バレエ団の公演に通い詰めたのが収穫だった。

帰朝後の猿翁は左團次一座に加入し、創作一筋に邁進した。この創作路線は昭和初期まで続き、古典歌舞伎はつき合いでつとめたわずかな脇役以外に一切手がけていない。その徹底ぶりは凄まじいものがあるが、その創作路線には、およそ三つの方向があった。芸術性を重んじる新歌舞伎、新舞踊、そして大衆性を重んじる喜劇である。

帰朝の翌年の大正9年、猿翁は自主公演「春秋座」を旗揚げし、菊池寛の現代劇『父帰る』で絶賛を博する。かたわら、岡鬼太郎の『今様薩摩歌』（左團次の源五兵衛）で三五兵衛を好演した。以後、岡本綺堂や昭和期の真山青果の作品において、左團次演じる主役に拮抗する役どころでヒットを放っていく。とくに、青果作品は彼の体質に合っていて、『江戸城総攻』の連作における山岡鉄太郎や、『元禄忠臣蔵』の連作における多門伝八郎、井関徳兵衛、富森助右衛門などは、彼が初演し、好評を博したものであった。昭和9年の『東郷平八郎閣下』は、熱烈な東郷崇拝の青年画家田丸伝吉が、群衆を相手に東郷の偉大さを延々と説き、最後に東郷（左團次）がすがたをあらわして群衆の前を静かに通り過ぎていくという内容。一幕47分のうち、何と43分、猿翁演じる田丸青年の一人ぜりふが続くのだが、猿翁は作者がカットを許したにもかかわらず、まったくカットなしで演じきった。これは、彼の名演のひとつとされている。

こうした新歌舞伎では、猿翁は左團次の仕事に寄り添い、それを助ける立場にあったわけだが、そうしたときこそ、もっとも彼の本領が発揮されたという評もある。ただ、猿翁には、左團次にない領域というものもあった。それは父ゆずりの舞踊である。

洋行直後には、ロシア・バレエ団の演技にヒントを得て、従来、横の動きしかなかった日本の踊りに縦の動きを加えた『隅田川』を発表。また、歌詞のない器楽だけの伴奏による新舞踊『虫』『おもちゃ店』などを、春秋会公演で創演した。そして、大正13年の『悪太郎』（岡村柿紅作）以後、のちに現猿翁によって「猿翁十種」に制定された新作舞踊を、つぎつぎに発表していく。その到達点が、昭和14年の『小鍛冶』『黒塚』であろう。それらは、作者の木村富子、振付の二代目花柳壽輔、長唄の四代目杵屋佐吉、義太夫の初代鶴澤道八ら、同じスタッフによるチームワークによって生み出されたものである。

もうひとつの喜劇路線は、猿翁の熱血漢で庶民的風貌という個性から生まれた。大正9年、岡本綺堂が彼にはめて書いた『小栗栖の長兵衛』あたりを嚆矢（こうし）とするが、これは作者がほかの役者による上演を許可しなかったほどの当り役となった。以後、木村錦花（松竹の取締役で富子の夫）の作あるいは脚色による『研辰（とぎたつ）の討たれ』『坊ちゃん』などが好評を博し、昭和3年にはじまる『弥次喜多』の連作は、毎年夏の歌舞伎座の名物となった。

このように、つねにあたらしい分野を開拓しながら、猿翁の創作意欲は、昭和期に入っ

『黒塚』　老女岩手実は安達ヶ原鬼女

ても衰えることはなかった。すでに大正後期において、『演藝画報』などの専門雑誌で、しばしば彼の特集が組まれたように、猿翁はもっとも注目され、期待され、また問題とされる存在となっていたのである。

だが、つねに時代の先端を走ってきた者ほど、その走りを減速せざるを得なくなったときのジレンマは大きい。

昭和10年代も後半になると、日本は戦時色を強めていき、歌舞伎の興行にも、さまざまな制約が加えられるようになる。綺堂が逝き、青果が創作の筆を折ると、よい新作を得ることもむずかしくなった。左團次は、そうした時期に卒然と世を去ったが、残された猿翁は、戦中・戦後を生き続けなければならなかったのだ。

昭和20年8月、〝戦災者慰安劇〟として『橋弁慶』と『東海道中膝栗毛』を上演していた猿之助一座が、『橋弁慶』を『黒塚』に突きかえて同じ東京劇場で9月に本興行をおこなったのが、戦後の歌舞伎公演第一号となったこと。30年の中国公演、36年のソ連公演で団長をつとめ、共産圏へ歌舞伎を紹介して文化交流に努めたこと。これらは、戦後の猿翁の業績として特記しておいてよいだろう。

21年、人気女優初代水谷八重子との共演で演じた『瀧口入道の恋』『春色薩摩歌』（いずれも舟橋聖一作）は、大胆なラブ・シーンが話題となり、歌舞伎のあたらしい傾向を示すものとして「傾向歌舞伎」と名乗っていたが、専門家には不評だった。三代目中村梅玉や七代目澤村宗十郎、二代目實川延若らの古風で夢幻的な歌舞伎美が再評価される時代になっていたのである。戦後の猿翁は、同世代の菊五郎や吉右衛門が世を去るなかで、自然、長老の立場に置かれ、芸術院会員、日本俳優協会の初代会長などにも推された。そして、古典の座頭格の役をつとめる機会も多くなるが、こうなると、長らく古典を離れていたハンディがつきまとった。

しかし、かつて左團次が演じた綺堂や青果作品の主役を、初役で演じて新歌舞伎の演技のお手本を示したり、『ぢいさんばあさん』（森鷗外原作・宇野信夫脚色）や舞踊劇『夕顔棚』（川尻清潭作）など、今日でも人気のある作品を初演したりするなど、なお、意欲は衰えなかった。そして、冒頭に書いたような形で、最後まで波瀾に満ちた生涯を閉じたのである。

ＮＨＫに残されている『小栗栖の長兵衛』、『修禅寺物語』（夜叉王）、『悪太郎』など、猿翁が本領とした新歌舞伎や新作舞踊の映像は、まことに貴重な資料というべきだろう。

十一代目 市川團十郎

【いちかわ・だんじゅうろう】
明治42年(1909)1月6日・生
昭和40年(1965)11月10日・没

わずか1、2年の差で、私は十一代目團十郎の実際の舞台を観る機会を得なかった。ただ、家でとっていた朝日新聞の社会欄に、その早すぎる死が大きく報じられていたのを見た記憶は、今も鮮明に残っている。見出しは「ガンに食われた千両役者」だった。

終戦から20年。歌舞伎のあたらしい時代を築いてきた戦後第一世代の重要な一角が、ここで早くも崩れたのだから、斯界を襲った衝撃ははかりしれないものがあっただろう。

その後の昭和40年代後半から50年代にかけては、戦後第一世代の円熟と若手のめざましい台頭が相俟って、私の知るなかではもっとも歌舞伎の充実した時期だったが、今思い返してみると、何か一本、芯の欠けている感じがつき纏っていた。歌舞伎界全体の大黒柱ともいうべき、華とスケールを備えた座頭役者の不在。それは、まさに團十郎の死によってもたらされた欠落感だった。歌舞伎の場合、名作狂言であっても、主役にふさわしい役者がいないと上演できない、ということがある。その意味で、この時期には、上演されるレパートリーにも、若干の偏りが生じていたように思われる。

團十郎は、七代目松本幸四郎の長男に生まれ、父の師家にあたる團十郎家の養子となった。

実父を通しては、熊谷、樋口、助六、毛剃、河内山、幡随院長兵衛、「馬盥」の光秀など、九代目團十郎系の線の太い役を受け継いだ。その一方で、典型的な二枚目役者として十五代目市村羽左衛門が得意とした役々——時代物では盛綱、実盛、「石切梶原」の梶原などの〝生締物〟、世話物では切られ与三郎、清心、直侍、御所五郎蔵などを当り役として継承している。こちらは五代目尾上菊五郎の系統の役である。生前は、とかく〝不器用〟といわれながら、團十郎は立役として、意外に幅広い芸域を持っていたのだ。そして、これらの役は、いずれも天与のスター性を備えた役者のみが出し物にし得るものである。

團十郎のそうした資質は、九代目海老蔵時代の昭和21年、焼け残った東京劇場で「助六」の主役に抜擢されたとき、一挙に華開いたものらしい。時に海老蔵37歳。当時としてはかなり遅咲きであった。いい換えれば、戦前にはほとんど注目されるような舞台がなかったのである。文字通り、彼は戦後の若いあたらしい時代が生んだスターだった。

大正4年、父の幼名である松本金太郎を名乗って初舞台。だが、父は学業第一という方針だったので、あまり子役の経験はせず、中学を中退して舞台に専念しようという矢先、関東大震災に遭遇。昭和4年、九代目市川高麗蔵（こまぞう）を襲名するが、その直後から胸を患い（わずらい）、4年間の療養生活――と、このように、戦前の舞台にこれといった成果がなかったのは、こうした巡り合わせによるキャリア不足にもよるのであろう。病気から回復後も、ずっと父と行動をともにしていたが、昭和11年、東宝の小林一三が結成した東宝劇団に参加することになる。が、ここでもやはり格別の成果は残さず、3年で松竹に復帰した。

このように、いわば啼かず飛ばずの状態が続いていたが、松竹復帰の年、そのどこか茫洋（ぼうよう）とした役者ぶりの大きさが、市川三升（さんしょう）・翠扇（すいせん）夫婦の目に留まり、團十郎家の養子に迎えられることになる。九代目團十郎には男の子がなく、娘が二人あった。姉娘が二代目翠扇で、父ゆずりの踊りの名手だった。そして、その婿として市川宗家を継承したのが三升である。銀行員だったが、九代目没後に中年から役者に転身。その方では大成しなかったが、人格・教養においてはすぐれた人だったという。この二人が高麗蔵の将来性を認めたのは、さすがに慧眼というべきだろう。

15年5月、歌舞伎座における歌舞伎十八番『ういろう』（川尻清潭脚本）で九代目海老蔵を襲名し、市川家に入った披露とした。この一幕には、実父、養父のほか、当時の大幹部が総出演したが、そこには、九代目團十郎に対する彼らの報恩の気持ちが感じられよう。市川家を重んじる空気というものも、当時の歌舞伎界には強く残っていたのである。そうした家を継ぐ責務というものを、あたらしい海老蔵は、強く自覚したに違いない。

しかし、ほどなく日本は戦時体制に入り、歌舞伎の興行も、多くの制約下に置かれるようになる。それで海老蔵は、引き続きこれという役をつとめる機会を持ち得なかった。

それだけに、21年の助六は、戦後歌舞伎の頼もしい担い手が、あたかも彗星のように出現したという印象を人々に与えた。当時の大幹部をそろえた「助六」を上演した翌月に、すっかり若手に役を入れ替えて続演しようというアイデアは、六代目菊五郎の発案らしい。そして、菊五郎は懇切に手を取って助六を教え、その後も海老蔵を可愛がった。技巧派の彼は、逆に不器用でも真っ正直で大きさのある芸が好きだったのである。

そして、海老蔵の方も、團十郎襲名まで、毎年、菊五郎の命日には、勝手口から訪れて線香をあげていたという。

『助六由縁江戸桜』　花川戸助六

市川家を継ぐという重責に対する意識と、そうした生来の生真面目な律儀さ。このふたつが、後々まで彼の生き方を支配する大きな要因となる。

助六の成功で、にわかにスターとなった海老蔵は、三越劇場の若手歌舞伎や東京劇場、23年に再開場した新橋演舞場などで、つぎつぎと大役を手がけていく。三越劇場では、長い軍隊生活を終えて復員後、女方に転向した大谷広太郎（のちの四代目中村雀右衛門）とのコンビが注目され、東劇や演舞場では菊五郎一座に加わることが多かった。そして24年、幸四郎と菊五郎が相ついで没した後は、「市川海老蔵参加」という形で菊五郎劇団につねに加入することになり、ここでは七代目尾上梅幸と似合いのコンビとなる。

当時、まだ健在だった初代中村吉右衛門を擁する吉右衛門劇団に対し、若手中心の菊五郎劇団の立場は弱かったが、それだけに、あたらしい観客を取り込む努力を積極的にした。そのひとつが、劇団の財産である黙阿弥系の世話物を、通し狂言の形でわかりやすく見せようという路線であり、もうひとつが、新作をさかんに取り上げたことである。

第一の路線では、海老蔵は羽左衛門系の二枚目役を、着実に持ち役にしていった。海老蔵・梅幸のコンビには、江戸歌舞伎本来の退廃的な味わいは乏しかったが、その清新な近代性が、古典作品を身近なものに感じさせる働きをしたのである。

一方、新作で空前の興行成果をおさめたのが、26年、歌舞伎座の再開場から3ヶ月目に上演された『源氏物語』である。著名な古典文学の本格的な劇化、専門家の考証にもとづく王朝風俗を歌舞伎の舞台で見せたこと、現代語によるせりふなど、すべてにわたって画期的で、再開場の記念にふさわしい企画だったが、その中心にあったのは、海老蔵の光源氏のうつくしさだった。原作の文庫本を片手に歌舞伎座をはじめて訪れた若い観客も多く、「海老さま」という有名な愛称も、このころから生まれたといわれる。この『源氏物語』の圧倒的な成功は、引き続き加藤道夫の『なよたけ』（こちらは王朝文学の世界に仮託した純粋の現代戯曲）を海老蔵主演で上演するという企画を生んだ。

海老蔵の新作で、もうひとつ特筆されるのが、一連の大佛(おさらぎ)次郎作品である。27年の『若き日の信長』にはじまる二人の提携は、以後、『江戸の夕映』『築山殿始末』など、今日でも上演の絶えない傑作を生んだ。32年の『魔界の道真』は、海老蔵以外に考えられない作品といわれ、まだ再演をみていないが、ある意味で二人の提携の頂点を示すものであったと思われる。

歌舞伎座の再開場で、一時盛り上がった歌舞伎人気も、昭和30年代に入ると映画に押され、引き続きテレビの普及でさらなる打撃をうけた。そうしたむずかしい時期に、海老蔵は古典・新作の両面で、歌舞伎界を牽引したのである。

　それだけに、海老蔵が、いつ團十郎を襲名するのかは、すでに25年ごろから、「今年の歌舞伎界展望」に年中行事のように取り上げられる話題となっていた。しかし、慎重で謙虚な彼が襲名に踏み切ったのは、じつに12年後の昭和37年であった。この間、31年に没した養父三升に十代目團十郎を追贈、33年には長男を六代目新之助（のちの十二代目團十郎）として初舞台を踏ませている。こうした布石を打った上で、2ヶ月にわたっておこなわれた披露興行は、これも空前の興行成績をおさめた。そして襲名を機に、彼の舞台はかつてないほどの自信に満ち、一層の風格と円熟を見せたといわれる。

　だが、この前後から、〝筋を通す〟ことをストレートに主張する彼の姿勢が、さまざまな事件を生むことになる。それらは、前に書いた責任感と生来の潔癖さ、生真面目さが、強く表面化したものであったろう。だが、不器用な彼の意志表示の仕方は、とかく非難の矢面に立たされる結果を招いた。これ以前、35年には、『平重衡（しげひら）』の初日目前での出演拒否で、大佛次郎との提携にも終止符が打たれている。

　そうしたトラブルによる精神的苦悩を抱えながらも、襲名後の團十郎は、自身が脚本や演出を手がけるあらたな創作に取り組んだ。しかし、それがじゅうぶんな実りを得ぬうちに、あれほど望まれて誕生した昭和の團十郎は、わずか3年で消えてしまったのである。

團十郎の映像・音声の記録はかなり残っているし、映画作品として作られた『絵島生島』、『江戸の夕映』などもあるので、いちいちはふれないが、それらを通して感じられるのは、彼の生地にある〝人柄のよさ〟である。「芸は人なり」とよくいうが、〝芸〟というフィルターを通さずに生地の素顔が露出するところに、〝不器用〟という評価も生まれるのだろう。しかし、それが團十郎の場合、こよない美点となり、好感度を高めるのだ。たとえば「盛綱陣屋」の佐々木盛綱にみる敵味方という立場を超えた肉親愛、「源氏店(げんじだな)」の切られ与三郎にみる過ぎ去った恋のホロ苦さ、『若き日の信長』の、平手中務(なかつかさ)の理不尽な死に対する涙と怒りの心情吐露など、型の演技のという枠を超えて、惻々(そくそく)と胸に迫るものがある。多くの人の憧憬(しょうけい)の的であるとともに、等身大の人間味を感じさせる存在。〝戦後の生んだスター〟たる彼の魅力は、そのあたりにあったと思われる。

第三章

忘れ得ぬ至芸

——私の観た名優たち——

昭和41年〜昭和64年

三代目

市川左團次

【いちかわ・さだんじ】
明治31年(1898)8月26日・生
昭和44年(1969)10月3日・没

ここからは、私が実際に観た役者について書くことになる。

三代目左團次の舞台に接したのは、わずか3年間ほどだが、それなりにいろいろな役を観た。「野崎村」の久作、「壺坂(つぼさか)」の沢市、「関の扉(と)」の宗貞、「め組の喧嘩(けんか)」の炊出し喜三郎、『桐一葉』の淀の方、「廿四孝」の蓑作実は武田勝頼、「夏祭(なつまつり)」の三婦、「八段目」の戸無瀬(となせ)、「妹背山道行」の求女(もとめ)など。テレビでは、NHKのスタジオで収録された『清水一角』の姉お巻のようなめずらしいものも観ている。いずれの場合でも、その印象は水のごとく淡々として癖がなく、それでいてえもいわれぬ大きさと風韻を備えていた。

ここにあげた役だけみても、義太夫狂言、江戸世話物、新歌舞伎の各ジャンルにわたり、立役なら前髪役から老け役まで、それに女方も兼ねるという芸域の広さだが、左團次の本領は、何といっても和事系の二枚目役だった。

「妹背山道行」の求女は、六代目中村歌右衛門のお三輪、七代目中村福助（のちの七代目芝翫）の橘姫との三幅対で演じた41年11月歌舞伎座の舞台が好評だったため、44年6月の国立劇場で、同じ配役で再演されたものである。そのときは、ただスウッとしているだけで二枚目に見える求女、という印象だったが、のちにあらためて記録映像を見ると、じつは左團次が、とてもていねいに身体を使っていることがわかる。首の傾け方、肩の振り方、腰のひねり方、足の運び方、手の置きどころ。どこを取っても、こうした役柄の規範に適(かな)っている上に、それらがじつに自然に運ばれていくため、一見〝スウッとした〟印象を与えるのだ。しかもこれは、死のわずか4ヶ月前の舞台だったのである。

私の観た時代のこうした至芸は、老年ゆえの枯淡の境地だったのかもしれないが、同時にそれは、左團次が自身の美学にもとづいて追求した理想の芸のすがたであり、彼の生き方、人生観とも通底するものであったように思われる。

左團次は、浜町の料亭に生まれ、間もなく女方の六代目市川門之助（当時は二代目女寅(めとら)）の養子となった。養父が九代目市川團十郎の弟子となって歌舞伎座に出演していたことから、左團次も男寅を名乗り、「逆櫓」の駒若丸で團十郎の樋口に抱かれ、歌舞伎座で初舞台を踏む。時に明治35年、團菊が相ついで没する前の年であった。

團十郎の没後も、男寅は養父に従って歌舞伎座や明治座（二代目左團次一座）などに出ていたが、子役のいない市村座に乞われて『琵琶の景清』の人丸で出演したことと、養父が六代目尾上菊五郎の芸にいたく感服したことが契機となり、男寅は六代目菊五郎の弟子として市村座の人になる。本人は12か13歳、師匠もまだ30歳前であった。

大正4年、四代目男女蔵を襲名。前年、米吉から襲名した三代目中村時蔵と〝御神酒徳利〟とよばれる名コンビだったことは、時蔵のところでも述べたとおりである。もともと、男女蔵の本領である和事系の二枚目は、六代目の芸域からはずれるものだったが、市村座には、こうした役柄においても十三代目守田勘弥という恰好の指導者があった。左團次生涯の当り役のうち、「髪結新三」の忠七、「鮓屋」の弥助実は維盛、「助六」の白酒売、そして前記の求女などは、勘弥に教わったことが基本になっているという。

その勘弥をはじめ、七代目坂東三津五郎、初代中村吉右衛門が脱退して後の市村座は、菊五郎一門の孤軍奮闘となり、昭和期に入ると、ついに菊五郎も松竹の傘下に入るが、これらの時期も、男女蔵は、ずっと師匠の側を離れなかった。そのため、松竹時代になって大きな座組に加わることになると、今までより、むしろ役回りは悪くなり、『身替座禅』の太郎冠者、「寺子屋」の戸浪、「魚屋宗五郎」のおなぎクラスの役を長いことつとめ続けることになる。が、それだけに、こうした役では師匠の絶対の信頼を得ていた。『坂崎出羽守（さかざきでわのかみ）』の本多平八郎、『暗闇の丑松（うしまつ）』のお米、『一本刀土俵入』の掘下げ根吉など、六代目が初演した新歌舞伎の脇役に多くの傑作を生んだのも、当時の彼の実力を示すものといえよう。

子供芝居や巡業で出し物をした経験が、まったくないわけではなかったが、このように、左團次は脇役に甘んじつつ、六代目一座の、あるいは市村座系の芝居一筋に専念した。本人にも、出し物をするタイプではないという冷静な自覚があったのかもしれない。そのことによって、本格でしかも混じり気のない、水のごとき芸風が培（つちか）われたのである。

戦後、三越劇場の若手歌舞伎で、一時出し物をする機会に恵まれたが、24年に六代目が没し、あらたに菊五郎劇団が結成されると、後輩である九代目海老蔵（十一代目團十郎）、七代目尾上梅幸、二代目尾上松緑らに主役の座を与えてふたたび脇に徹した。27年に左團次を襲名して以後も、この姿勢は変わらなかったが、彼のこの身の処し方が、菊五郎劇団の結束を固める上で大きな役割をはたしたといわれている。

それでも、昭和30年代に渋谷の東横ホールで花形歌舞伎がおこなわれるようになると、年に二回ほど菊五郎劇団の若手たちのなかに補導出演の名目で加わり、「牡丹燈籠」の伴蔵と孝助、「文七元結（ぶんしちもっとい）」の長兵衛、「白浪五人男」の弁天小僧、「素襖落（すおうおとし）」の太郎冠者（たろうかじゃ）など、本公演では後輩たちにゆずっていた師匠ゆずりの役々を演じている。その一方で、チェーホフの『犬』を取り上げたり、『ヴェニスの商人』のシャイロックを演じたりして人々を驚かせた。先代（二代目）の左團次とは、血縁上も芸脈上もつながりのない名跡継承であったが、彼は観客として二代目の自由劇場なども観ていたし、そうしたあたらしい仕事への理解や興味も、じゅうぶん持っていたのだ。当時、左團次は還暦前後。つねに一歩身を退く生き方をしながら、役者としていちばん脂の乗った時期に、やりたいことはちゃんとやっていたのである。

さらに晩年は「無間の鐘」の梶原源太、「柳」の平太郎、「日蓮記」の日蓮聖人など、歌右衛門が復活上演した古劇の相手役として、その古風で風格の大きな持ち味を生かした好助演をしたことも特筆される。芸術院会員、人間国宝、文化功労者などの栄誉にも浴した。自身、茶杓を削るほどの茶人でありながら、西部劇を愛するダンディな一面もあり、最後までスマートな生き方をまっとうした役者であった。

『妹背山婦女庭訓』　求女

三代目 市川寿海

【いちかわ・じゅかい】
明治19年（1886）7月12日・生
昭和46年（1971）4月3日・没

昭和42年1月、歌舞伎座の『鳥辺山心中』で、私は市川寿海の菊池半九郎を観た。同じ年の11月には、国立劇場開場一周年記念の『桐一葉』で、寿海の木村長門守（きむらながとのかみ）を観た。どちらもはじめて行く劇場だったので、その意味でも特別な印象が残っているが、このとき観た寿海の舞台すがたも、よく覚えている。80歳を過ぎた老優の演じる新歌舞伎の青年役は、悠然たる風格を湛（たた）えつつ、清冽にして森厳（しんげん）といったおもむきで、おのずと観る者の襟を正させるような雰囲気があった。当時、菊吉はすでに伝説上の人になっていたが、寿海は初代吉右衛門と同い年、六代目菊五郎のひとつ年下である。そうした世代の人がまだ健在で、若々しい舞台を見せていたのだから、考えてみれば稀有のことだった。

『桐一葉』　木村長門守

その後、私が観た寿海の舞台は、東京での最後の舞台となった「対面」の工藤（45年11月）だけだが、そのころ、テレビの劇場中継では、『頼朝の死』の源頼家、『将軍江戸を去る』の徳川慶喜、「先代萩」の細川勝元、「九段目」の由良之助なども観たように思う。

長老格としてつとめた工藤や由良之助は別として、寿海本来の役どころは、大きくふたつに分けられる。ひとつは菊池半九郎、源頼家、徳川慶喜など二代目市川左團次系の新歌舞伎であり、もうひとつは木村長門守や細川勝元など、十五代目市村羽左衛門系の役である。

左團次は、綺堂や青果の作品において独自の新しい朗唱術、せりふ廻しを編み出した。羽左衛門は、様式性の高い古典歌舞伎で朗々たる七五調の名調子を聞かせた。寿海は羽左衛門のせりふ術を学び、その当り役を継承するかたわら、そのせりふ術を新歌舞伎に応用したのである。それだけに、寿海の新歌舞伎は左團次より様式的になったという評価もあるが、左團次の示した近代精神を、独自のせりふ術によって再生させた人といえよう。

一方で、80歳を過ぎても老け役を演じなかった若々しさは、羽左衛門と共通するものがあるし、多くの古典の当り役も継承したが、清潔、謹厳といった持ち味の寿海には、古典の二枚目役らしい甘美な色気が薄く、その点は羽左衛門との、かなり致命的な違いだったと思われる。寿海は、やはり新歌舞伎の人であり、またせりふ術の人だった。

昭和35年、歌舞伎立役として最初の人間国宝に認定されたのも、芸術院会員、文化功労者といった晩年の栄誉も、そのせりふ術が歌舞伎界の至宝とたたえられたためである。しかし、若いころの寿海は、やたら大きな声で怒鳴るようなせりふ廻しだったという。晩年のせりふ廻しは、激情をあらわにするような場面でも、怒りの実感は的確に伝えながら、あくまで丸く抑制の利いた声であったが、それには並々ならぬ努力の日々があった。

寿海の生家は、日本橋蛎殻町（かきがらちょう）の仕立て職だった。かつては、名門の御曹司（おんぞうし）といってもじつは養子、ということが当たり前のようにあったが、寿海のように一般家庭から入門し、大立者にまでなった例はめずらしい。役者になるきっかけは、近所にいた五代目市川小團次に勧められたためだという。この小團次は、義兄にあたる初代左團次の一座の貴重な脇役だった。寿海も高丸を名乗り、左團次一座の大部屋の子役の一人となる。

18歳で小満之助（こまのすけ）と改名するが、身分は相変わらず。そんなとき、五代目市川寿美蔵から養子に望まれた。寿美蔵は九代目市川團十郎門下の重鎮で、師匠の『勧進帳』なら常陸坊海尊といった立場の人だった。養子縁組が決まった明治38年、團十郎はすでに没していたが、小満之助は養父の俳名の登升（とうしょう）を名乗り、翌年、養父が没すると、六代目寿美蔵を襲名。

以後はずっと二代目左團次一座に所属し、自由劇場の公演にも出演した。

左團次の一座は、比較的少人数で実力主義だった。そのため、左團次演じる新歌舞伎で、『修禅寺物語』の桂、『鳥辺山心中』の坂田源三郎、『佐々木高綱』の子之介、『番町皿屋敷』の放駒四郎兵衛、『今様薩摩歌』の三五兵衛、『頼朝の死』の畠山重保、『大石最後の一日』の磯貝十郎左衛門など、重要な脇役を演じる機会が与えられ、寿美蔵はめきめきと頭角をあらわしていく。が、反面、一座のなかでこうした役どころが固定し、それは左團次の死まで何十年も変わらなかった。寿美蔵は、ずっと脇役の人で通したのである。大正11年に児童劇団の「小寿々女座」を作ったり、ときに小芝居に出て羽左衛門系の役を勉強したりしたのは、そうした境遇に飽き足らなかったためもあろう。

昭和10年、一座を離れて東宝劇団に加わったのも、同じ理由だったかもしれない。事実、寿美蔵はここではじめて『勧進帳』や『土蜘』を出し物にできる地位を得たのである。しかし、東宝劇団も行き詰まりを見せ、3年で左團次一座に復帰するが、間もなく左團次は世を去る。最後の舞台となった『御浜御殿』で、左團次の役だった綱豊卿を途中から代役し、これはそのまま寿海の代表的な当り役となるが、大きな庇護を失った当時の寿美蔵は、50代後半で同じ境遇の二代目市川猿之助と「新鋭劇団」を名乗るような、中途半端な時期を迎えた。戦時中は一座を持ったこともあるが、昭和23年に関西歌舞伎に移籍。翌24年、七代目、九代目の團十郎が俳名として名乗った寿海を襲名する。

そして、梅玉、延若らの長老が世を去ると、三代目阪東寿三郎と「双寿時代」と並び称され、29年に寿三郎が急逝すると、自然、関西歌舞伎の座頭（ざがしら）の立場となった。

関西生え抜きの役者たちには、東京から来た役者がトップに立つことに反発する空気もあり、関西歌舞伎は急速に分裂、衰退の道をたどっていく。そうしたなかでも、寿海は十三代目片岡仁左衛門、二代目實川延二郎（のちの三代目延若）や東京から移籍して来た七代目大谷友右衛門（のちの四代目中村雀右衛門）らに呼びかけ、西行の和歌に由来する「花梢会」という名のグループを結成するなどして、関西歌舞伎界の結束につとめた。本人の演技も、この時期とみに円熟味を増し、古典、新歌舞伎の当り役はもとより、『少将滋幹の母』の藤原時平、『狐と笛吹き』の春方、『新・平家物語』の平清盛など、新作にも傑作を生んでいる。その一方で、70歳を過ぎても古典の初役に挑戦し続けた。

大器晩成型ではあったが、関西移籍後の60歳代になって芸の華を咲かせたのは、温厚で忍耐強い性格から、地道な努力をコツコツと積み重ねてきた賜物といえよう。そうした尊い人生の年輪が、「観る者の襟を正させるような雰囲気」を作り出したのだと思う。

八代目
坂東三津五郎

【ばんどう・みつごろう】
明治39年（1906）10月19日・生
昭和50年（1975）1月16日・没

私の知る時代において、八代目三津五郎は老け役と敵役の人であった。実際、「忠臣蔵」の師直（もろのお）、「助六」の意休、「実盛物語（さねもり）」と「俊寛」の瀬尾、「野崎村」の久作、「賀（が）の祝（いわい）」の白太夫（しらたゆう）、「先代萩（せんだいはぎ）」の渡辺外記左衛門、「逆櫓（さかろ）」の権四郎などは、ほとんど彼の専売となっていたし、今もこれらの役について考えるとき、真っ先に思い浮かぶのは、三津五郎の舞台すがたと独特の声音（こわね）である。それほど貴重な存在だっただけに、昭和50年、公演先の京都でフグの中毒という不慮の死をとげたことは、私としても大きなショックだった。けして華やかな存在ではなかったが、役者として、ひとつの役柄にこれだけ傑出するということはすばらしい。白く塗るばかりがいい役者ではないのである。

『菅原伝授手習鑑』　白太夫

歌舞伎界きっての理論派であったから、むろん、これらの名演技には深い研究の裏付けがあったが、何より私が思い出すのは、一見映えないこうした役を、じつに楽しそうに演じていたことである。「筆売り幸兵衛」の代言人など、高利貸しと連れ立って哀れな幸兵衛一家を責めはたる嫌（いや）な奴だが、それを何ともおもしろそうに演じていたすがたが、今も目に浮かぶ。

だが、そうした境地を得るまでの彼の人生は、まことに波瀾万丈であった。

3歳のときに七代目三津五郎の養子となり、守田家の後継者となる。そして大正2年、当時養父が所属していた市村座で、三代目八十助を名乗って初舞台を踏んだ。

養父の七代目は、能楽通であり、また古美術にも造詣が深く、幼い八十助を美術館や能楽堂に連れて行き、〝本物を見る目〟を養ったという。また、このころ市村座の幕内顧問だった小山内薫に可愛がられ、薫が役者の子供たちを対象にはじめた私塾には、最後の二人になるまで通い詰めた。薫に教え込まれたことは、読書の習慣だった。

こうして八十助は、本好き、勉強好きで好奇心、探究心の強いインテリとして育っていく。養父に従って市村座から松竹に移り、昭和3年、六代目簑助を襲名するが、当時の簑助は、歌舞伎役者としては摑（つか）みどころのない存在だったようだ。一応、役どころは女方と二枚目だったが、昭和7年にはじまった「青年歌舞伎」でもいろいろ古典の大役を経験したものの、概してその舞台は不評だった。下手というよりも、どこか古典歌舞伎の味わいと違和感を生じるのだ。素顔の写真を見ても、あたらしい知識に飢えた心貧しい現代青年という印象が強い。正義感が強く、すぐ怒るので「さくら炭」というあだ名があったというのもこのころだろう。

青年歌舞伎と並行して、簑助は同じ7年に研究劇団「新劇団」を旗揚げする。資金は、秘蔵の写楽の錦絵を売って得た金だった。杉村春子ら、女優や新劇俳優も混じえた一座で、第一回の演目はブロードウエイで評判だった黒人劇『ポーギー』。そして、その第三回に、有名な『源氏物語』の上演中止事件が起きる。このとき、簑助は著名な日本画家や国文学者の教えを乞い、周到な準備を進めていたのだが、初日直前に警視庁から上演禁止を言い渡されたのである。皇室に関する芝居を上演することは不敬にあたる、ということであろう。『源氏物語』の劇化は、戦後、再開場した歌舞伎座で実現し、空前のヒットとなるが、それには簑助のこうした受難の前史があったのである。

それから2年後の昭和10年、簑助はあらたに東京に進出してきた東宝に移り、東宝劇団を結成した。『源氏物語』事件で背負った膨大な借金のためというが、簑助としては、あたらしい国民演劇を作るという東宝の理念に共鳴するところが大きかったのであろう。しかし、簑助の望むような芝居はなかなか実現せず、これといった成果は得られなかった。12年に日中戦争がはじまると、簑助は従軍記者として戦地を視察し、「レポート・ドラマ」を上演するなど、果敢な活動を続けたが、結局、東宝劇団は解散。ここでも夢破れて松竹に復帰した簑助は京都に居を移し、関西歌舞伎に籍を置くこととなった。

この京都時代は、しかし、簑助に多くの実りをもたらすことになった。京都にはさまざまな分野の伝統文化が息づいており、文楽の本拠地である大阪にも近い。昭和24年、評論・演出家の武智鉄二が「歌舞伎再検討」を掲げて10代、20代の若手役者を使った公演、いわゆる「武智歌舞伎」をはじめると、武智と親交のあった簑助は実技面の指導者となったが、この武智をかこむ関西文化人たちとの交流が、簑助にとって大きな意味を持ったのだ。能楽、文楽の研究はもとより、茶道や日本料理は玄人の域まで達し、古美術骨董への興味も深められた。いわば、日本の伝統文化全般に対する探究を通して、養父の教えた〝本物の芸〟を見きわめようという真摯な求道精神が、もっとも充実し、満ち満ちた時代だったと思われる。自身の芸に関しても、敵役、老け役に定評を得た上に、同じく東宝劇団から関西に移籍した三代目寿海演じる青果劇の相手役として、『御浜御殿』の富森助右衛門や『将軍江戸を去る』の山岡鉄太郎など、かつて二代目左團次の相手役として二代目猿之助がつとめた役どころが、あらたな当り役として加わった。『関寺小町』『猩々』といった彼の創作舞踊の代表作が作られたことも、この時期の収穫である。

昭和36年、八代目松本幸四郎が突如、東宝に移籍したため、立役の不足する東京に簑助がよび戻されたのは、不思議な巡り合わせであった。翌年、八代目三津五郎を襲名。このとき、「口上」のほかに五つも役をつとめているが、そのほとんどが脇役だった。襲名とともに、彼は自分のいくべき道を見定めたのであろう。

こうして、冒頭に書いた昭和40年代の舞台の印象へとつながる。

東京で安定した生活を得てからは、かつての覇気が薄らいだという説もある。が、元来の熱血漢が、平穏無事な状態に本当に満足していたかどうか、それはわからない。

この時期の三津五郎は、文筆を通して自分なりにきわめた〝本格〟を後世に伝えることに情熱を注いだ。襲名の翌年の『父 三津五郎』（小島二朔編）にはじまり、三津五郎の著作は13冊におよぶ。44年には日本エッセイスト・クラブ賞を受賞。48年、人間国宝に選ばれたのも、「故実に精通している」ということが大きな理由であった。

十四代目 守田勘弥

【もりた・かんや】
明治40年（1907）3月8日・生
昭和50年（1975）3月28日・没

十四代目勘弥は、二枚目役者として、じつにいい〝仁〟を備えた人だった。十三代目勘弥の妹の子だというが、父親については明らかでない。7歳のとき、伯父勘弥の養子となり、四代目玉三郎を名乗って初舞台を踏む。彼も市村座育ちの役者の一人だった。

市村座育ちの二枚目というと、三代目市川左團次が思い浮かぶが、左團次も十三代目勘弥の教えを受けた人だけに、役どころにおいて重なるものも多かった。ただ、左團次が和事系二枚目を本領とし、立役としては線の細いタイプだったのに対し、勘弥は養父の和事芸を継承する一方で、十五代目市村羽左衛門系の江戸世話物の二枚目役、すなわちお祭佐七、直侍、切られ与三郎、御所五郎蔵といった、強味のある気っ風のよい江戸っ子役を得意としていた。実事や辛抱立役に分類される渋く堅実な役、さらに〝国崩し〟とよばれるスケールの大きな敵役まで、その芸域にふくまれる。また、左團次の〝水のような淡白さ〟に対し、勘弥の持ち味にはとろりとした古典味が濃厚だった。

勘弥の芸域の広さを示す例として、決まって引き合いに出されるのが、33年3月歌舞伎座で、吉右衛門劇団による「忠臣蔵」の通し上演がおこなわれたときの代役話である。

当初、勘弥の役は「四段目」の石堂、「五段目」の定九郎、「六段目」の不破の三役だった。ところが、インフルエンザの流行で、判官とおかるを演じていた六代目中村歌右衛門が休演。勘弥は判官のほか、「道行」のおかるを代演した十七代目中村勘三郎の又替りとして勘平の代役をする。さらに、若狭之助と由良之助を演じていた八代目松本幸四郎が倒れると、今度はその二役をそっくりかわった。歌舞伎役者なら、「忠臣蔵」の役はどれでもすぐに演じられなければならない、とはいわれるものの、それを実践できる人はめずらしいだろう。

しかし、こうした芸の蓄積も、〝器用貧乏〟の一言で片づけられる時代が長く続いた。

養父に従って市村座から帝劇、松竹へと移動するうち、養父は昭和7年、46歳の若さで没。同年にはじまった「青年歌舞伎」では多くの大役を経験し、その間に勘弥襲名などの慶事もあったが、7年後に青年歌舞伎が解散すると、戻る場所のない勘弥は、いちばん縁の薄かった二代目左團次の一座に身を寄せることになる。そして左團次の没後はフリーとして二代目猿之助一座と初代吉右衛門一座を行き来するような、不安定な立場が長く続いた。

そうした不遇の時期をじっと耐え忍んだ蓄積が芽を出したのは、昭和30年代の「東横歌舞伎」である。渋谷の東横百貨店のなかに開場した東横ホールで、中堅・若手による歌舞伎公演がはじまったのだ。悪くいえば二軍の公演であったが、勘弥は座頭の立場でたびたび出演し、幅広い役柄をこなす活躍を見せる。なかでも高い評価を得たのは「大晏寺堤」の春藤治郎右衛門、「盛綱陣屋」の佐々木盛綱、「桂川」の帯屋長右衛門、「実盛物語」の実盛などで、治郎右衛門や長右衛門のような辛抱立役での好演は、彼の芸の深まりを強く印象づけるものとなった。ことに「大晏寺堤」のように上演自体がめずらしい芝居では、市村座時代以来の先輩たちの舞台をよく記憶していた蘊蓄が物を言ったのである。

こうした実績が、昭和40年代の国立劇場における活躍へとつながっていく。

国立劇場の開場は昭和41年。ここに、歌舞伎をはじめとする伝統芸能を国家が保護・振興するという体制が作られた。いい換えれば、〝文化財〟としての歌舞伎の位置づけが明確となったわけである。歌舞伎に関しては、作品を主体として原作の意図を生かした通し上演、埋もれた名作の復活上演などの方針が掲げられた。いろいろな意味で、国立劇場の開場は昭和の歌舞伎にとって大きなエポックであった。

だが、いくらレパートリー・システムの理念を掲げても、それを仕切れるだけの実力ある座頭を得るのはむずかしい。自然、勘弥に期待されるところが大きくなったのである。最初の数年間は年に四、五回出演し、「桜姫」の清玄、「天下茶屋」の早瀬伊織と人形屋幸右衛門、「唐人殺し」の十木伝七など、上演のめずらしい芝居や完全な復活狂言で実力を揮った。御所五郎蔵、直侍、切られ与三郎なども、あらたに通し狂言の形で見せた。

そしてこれ以後は、歌舞伎座でも直侍や与三郎を出し物にする立場となる。團十郎や寿海が没したためもあるが、勘弥の真価が、ようやく認められる時代になったのである。

こうした羽左衛門系の役において、技倆では團十郎や寿海を凌いでいたと思われる。ただ惜しむらくは、主役にふさわしい役者ぶりに若干の不足があったのだ。気の毒ながら、それはつねに陽の当たる場所にいたわけではないという、巡り合わせの結果であろう。

むしろ私は、脇役における勘弥に、他の人に求められない価値を感じることが多かった。たとえば、「籠釣瓶」の栄之丞、黙阿弥の「縮屋新助」の穂積新三郎など、遊女や芸者の

『八幡祭小望月賑』　穂積新三郎

情夫といった役は、まさに切って嵌めたようだったし、「髪結新三」の忠七、「助六」の白酒売なども、三代目左團次が演じた舞台を観ていない私にとっては、勘弥が最高であった。忠七の、いかにもああした過ちを犯しそうな軽薄さ。白酒売の、和事らしい味わいのなかにあふれるとぼけたユーモア。これは爆笑ものだった。

ユーモアといえば、勘弥には喜劇に向く持ち味もあった。竹馬の友だった十七代目勘三郎の『高杯』では、いつも高足売りをつき合っていたが、いかにも春風駘蕩といったのどかな味わいは、そのあとのだれもおよばない。長い不遇の時期があったにもかかわらず、それが芸風の上に暗い翳を落とさなかったのは、この人の精神力の強さによるのであろう。

死の半年前の49年10月、勘弥は歌舞伎座で『其小唄夢廓』の白井権八を上下通して演じた。夜の部の最後の演目で、当時のことだから、幕が開いたのはすでに9時近い。けだるい雰囲気がただようなか、志寿太夫の官能的な清元が、いやが上にも夢見心地に誘い込む。そこに、裸馬に乗せられて刑場に引かれる勘弥の権八が花道から登場するのだが、その風姿にただよう濃厚な色気と哀愁を見て、何ともいえない陶酔感に浸ったのを、今でもよく覚えている。

風姿だけでも観客を酔わせる役者。残念ながら勘弥はその最後の人になってしまった。

三代目
尾上多賀之丞

【おのえ・たがのじょう】
明治20年（1887）9月21日・生
昭和53年（1978）6月20日・没

かつては、「この役柄なら絶対に他の追随を許さない」という〝一芸に秀でた人〟というものがあった。「歌舞伎ふけ女方（おやま）」という分野名称で重要無形文化財保持者（人間国宝）の認定を受けた尾上多賀之丞もその一人である。

一生、馬の脚や駕籠舁（かごかき）、あるいはトンボを返る役ばかりをつとめていても、余人をもってかえがたい、という人もある。が、多賀之丞の場合はそれとも違っていた。35歳までの前半生は、小芝居（こしばい）のスターとして女方から立役まで幅広い役を経験。その後、市村座時代の六代目尾上菊五郎の相手役に迎えられてからは女方に徹し、年齢とともに老け役に移行した。こうした段階を踏んだ上での豊富な経験、蓄積は、多賀之丞が脇をつとめる舞台に、まことに大きな安定感をもたらしたのである。

多賀之丞の叔父は、小芝居の名優だった四代目浅尾工左衛門(くざえもん)。当時、四代目市川鬼丸(きがん)を名乗っていたこの叔父のもとで、多賀之丞も市川鬼三郎の名前で小芝居の役者となった。子役時代は名古屋や大阪の舞台にも出演。そして、変声期のブランクを経て舞台に復帰したとき、出演したのが浅草の宮戸座であった。格は小芝居ながら、腕達者な役者がそろい、多くの文人、有識者にも愛された劇場である。とくに、鬼三郎が舞台復帰した明治40年ごろはその黄金時代で、叔父の鬼丸のほか、五代目市川寿美蔵（三代目寿海の養父）、四代目澤村源之助、十二代目中村勘五郎（のちの四代目仲蔵）、七代目澤村訥子(とっし)と息子の初代宗之助など、錚々(そうそう)たる顔ぶれが出演していた。このなかで、鬼三郎は多くの名人芸を摂取する。とりわけ源之助を敬愛し、悪婆(あくば)ものなど、その得意芸を教わった。

やがて鬼三郎は、同じ浅草の蓬莱座を拠点とし、人気スターに伸し上がっていく。この間に名題昇進もはたし（当時は大芝居の役者の推薦と、大芝居に3ヶ月以上出演することが条件だったという）、叔父の工左衛門襲名に伴い、五代目市川鬼丸となった。

大正に入ると、鬼丸はふたたび宮戸座に出演。この時代は松本高麗三郎と鬼丸の若手コンビに人気が集まり、高麗三郎が抜けたあとは澤村伝次郎（のちの八代目訥子）がこれにかわった。高麗三郎も伝次郎も、男性的で気っ風のよい二枚目役者で、とくに伝次郎は、〝猛優〟と異名を取るほどの熱のこもった演技で評判を取った岳父、七代目訥子の芸と人気を継承していた。鬼丸が市村座に引き抜かれるのは大正10年だが、伝次郎はその後も浅草の人気を独占していく。だがこのころ、すでに小芝居は凋落期に向かっていた。鬼丸が市村座に移ったのも、結果的にはいい潮時だったかもしれない。

六代目菊五郎が鬼丸を迎えたのは、名女方三代目菊次郎が大正8年に没して以後、つぎつぎに相手役の女方を失ったためだが、それにしても小芝居からの引き抜きは、かなり異例のことで、それだけ鬼丸の評判と人気は高かったのだろう。最初の公演では六代目の小猿七之助に滝川をつとめるという厚遇ぶりで、世評も上々だった。そしてこのときから、六代目のいいつけで女方一筋になる。『生きてゐる小平次』（鈴木泉三郎作）のおちかや『暗闇の丑松』（長谷川伸作）のお熊・お今の二役など、新作にも実力を発揮した。昭和2年、多賀之丞を襲名したときの役も新作『厄年』（田村西男作）の酌婦役である。

こうした新作もふくめ、六代目との共演で高く評価されたものというと、やはり世話物が多い。「め組の喧嘩」のお仲、「魚屋宗五郎」のおはま、「牡丹燈籠」のお峰などでは六代目の相手役をつとめ、その没後は同じ芝居のなかの年増役であるおいの、菊茶屋女房、お米に移行した。「加賀鳶」の女按摩お兼、「文七元結」の長兵衛女房お兼、「伊勢音頭」の万野、それに「鮓屋」「合邦」「六段目」などの老婆役は、六代目のときからつとめはじめ、主役が次世代の二代目尾上松緑、七代目尾上梅幸、十七代目中村勘三郎に変わっても、引き続き演じ続けたものである。これららが多賀之丞終生の当り役となった。「舞台で生活している」という褒め言葉があるが、これが多賀之丞の世話物はこの言葉通り、何気ない動作や言葉の端々まで江戸時代らしい風俗、人情、生活感がいき渡って、ちょっと真似手のない巧さだった。

ことに「加賀鳶」のお兼は、私が観はじめてからだけでも東京で三度（80歳を過ぎてから）演じたほどの持ち役だった。過去には立役が演じていたものを、中年女のちょっと下卑た色気をただよわせる女方の役に仕上げたもので、これは彼の創造といっていい。

一方、時代物の老女役には、義太夫狂言の〝三婆〟をはじめとする準主役級の大役があるが、多賀之丞にはこれらの役をこなす腕もあった。もっとも、私の知るころは高齢のためか、こうした大役を演じる機会は少なかったが、唯一観た「源太勘当」の延寿など、じつに手堅い芸だった。「先代萩」の栄御前、「孤城落月」（これは新歌舞伎だが）の正栄尼などでも、六代目歌右衛門の政岡や淀の方と、堂々と渡り合っていたことを思い出す。第一、

『盲目長屋梅加賀鳶』　女按摩お兼

せりふがみごとだった。老女役だから地声に近い低い声だが、サビのあるどっしりした声音で、言い廻しは明晰かつ威厳に満ち、しかも複雑なニュアンスがあった。それは、若いころに義太夫節をはじめ、各種の音曲をみっちりと稽古した賜物であろう。小芝居での修業といっても、現在とは比較にならないほどのきびしいものがあったのだ。

それでも、小芝居の出ということは、長い間多賀之丞の評価につき纏い、一種の差別にもさらされた。六代目に迎えられた当座は客分扱いだったが、多賀之丞襲名後は尾上一門の門弟ということになる。とたんに、古参の弟子たちの嫉妬心が表面化し、さまざまないじめに遭ったという。六代目が松竹に入ると、相手役となる女方が何人もできたので、とかく脇役に追いやられるということもあった。

考えてみれば、女方として、はじめから老女役をめざす人はいない。だが、不遇や屈辱のなかでも、多賀之丞は黙々と腕を磨き、独自の領域を築き上げた。華やかだった小芝居時代とはいき方を切り替えて女方一筋をつらぬき、最終的に「ふけ女方」の第一人者となったのだ。その精進を支えたのは、しかし、スター時代を経験した者だけが持つ、ひそやかな矜持だったのかもしれない。

初代 松本白鸚

【まつもと・はくおう】
明治43年（1910）7月7日・生
昭和57年（1982）1月11日・没

だれもがいうことだが、松本白鸚は戦後の歌舞伎界において、まず右に出る者のない「英雄役者」だった。英雄役には、貫禄や威厳もさることながら、知力、忍耐力、統率力といった人格面が重要である。劇界随一の堅実、慎重な良識派で「優等生」のよび名もあった白鸚は、そうした条件を、生来の持ち味として身に備えていたのである。

そうした人だけに、昭和36年、一族一門に八代目市川中車、二代目中村芝鶴、二代目中村又五郎らを加えた総勢三十数名による東宝移籍という、思い切った行動に出たときは、歌舞伎界に大きな衝撃を与えたし、この出来事は戦後歌舞伎史における一大事件ともなった。この事件の経緯とその後の展開については、千谷道雄の『幸四郎三国志』に詳しい。

子供のころの白鸚は、踊りや長唄の稽古も嫌い、役者になることも嫌いという、シャイで学究肌の少年だったらしい。初舞台も15歳と遅かった。最初の修業場は父の所属する帝劇だったが、3年後の昭和3年、白鸚（当時は純蔵）は初代中村吉右衛門に入門することになる。同じとき、弟の松緑（当時は本名の豊）は、六代目尾上菊五郎の許へ行くことになった。七代目幸四郎が下の息子二人を他家へ預け、それぞれ大成させたのは、彼の先見の明といわれるが、白鸚の場合、行き先は自分で決めたと語っている。歌舞伎の華美な部分より、重厚な義太夫狂言に魅かれるものがあり、それで吉右衛門を師に選んだのだという。若いころから、考え方は堅実だったのである。

こうして彼は、父ゆずりの秀麗な風貌と、のちに岳父ともなる吉右衛門ゆずりの義太夫狂言におけるすぐれた演技力を併せ持つ、まさに鬼に金棒の英雄役者となった。が、それはまだ、先の話である。戦前には、「青年歌舞伎」に出演したときは別として、本興行でこれといった役を与えられる機会も少なく、ほとんど目立たない存在だったという。

昭和22年、白鸚（当時は五代目市川染五郎）の関兵衛実は大伴黒主、六代目中村歌右衛門（当時は六代目芝翫）の小町と墨染、十七代目中村勘三郎（当時は四代目もしほ）の宗貞という配役の「関の扉（と）」が三越劇場の若手歌舞伎で絶賛を博し、この「吉右衛門劇団三羽烏」による

「関の扉」は、戦後歌舞伎の名品のひとつとなる。そして染五郎も、この関兵衛をひとつの転機として、以後は若手歌舞伎の場で時代物の主役をつぎつぎに好演。24年1月に父が没すると、すぐ、9月に八代目幸四郎を襲名した。

こうして、時代物役者、座頭役者としての幸四郎の地歩は、着々と築かれていく。歌右衛門とは、菊五郎劇団の海老蔵（のちの十一代目團十郎）と梅幸のコンビと双璧をなす戦後の代表的な夫婦役者であり、劇団内での立場も安定しているように見えた。

だが、29年に初代吉右衛門が没したころから、歌舞伎そのものの人気に翳りが生じていた。映画やテレビの普及に押され、おしなべて舞台芸術はきびしい立場に立たされていたのである。市川雷蔵、大川橋蔵、先代中村錦之助（のちの萬屋錦之介）など、有能な若手が歌舞伎界から映画に移ったのは、いずれも昭和30年前後だった。関西では、ベテランの二代目鴈治郎までが〝無期休演〟を宣言して映画界の人となっている。

そんななかで、演劇界が模索したのは、異なるジャンル間での人の交流だった。吉右衛門劇団でも、フットワークの軽い勘三郎はもとより、女方の歌右衛門さえ、自身の研究公演である「莟会」の看板を使って、新派や新劇の女優とも共演した。そうしたなかで、座頭役者として潰しの利かない幸四郎は、とかく遅れを取っていたのである。

しかし、幸四郎も能動的になっていた。32年、福田恒存作の『明智光秀』で文学座と共演。34年には、自身の試演会で文楽の八代目竹本綱太夫・十一代目竹澤弥七と「日向島（ひゅうがじま）」を共演（文楽では、歌舞伎役者との共演は長くタブーとされていた）。翌年には、プロデューサー・システムによる『オセロ』で主演をつとめている。これらは、いずれも一時の思いつきとは違う、じっくりと練り上げられた企画であり、舞台成果もすぐれていた。

東宝移籍の背景には、遠大な理想から卑近な事情まで、大小さまざまな理由があっただろうが、こうした実績に対する自信が、古いしがらみを持たぬ会社であたらしい形の演劇を創出するという夢につながったことは、想像に難くない。

当初、演劇ジャーナリズムは、おおむね幸四郎の行動に理解を示していた。まだ、歌舞伎は商業演劇のひとつだという認識も根強く、その世界のなかで人が交流し、よりおもしろい芝居を生むならそれでよいではないか、ということであろう。国立劇場が開場し、古典芸能としての歌舞伎の独自性を守っていこうという方向が強まるのは、まだ5年先であった。当時まだ10代の、才能あふれる息子たち（現幸四郎と吉右衛門）が、映画ではなく演劇の世界で新境地をめざそうという姿勢も歓迎されたのであろう。

これを受けて、東宝では「大劇場を舞台とした新しい娯楽大衆時代劇」「新歴史劇の確

『嬢景清八嶋日記』　悪七兵衛景清

立」「古典としての歌舞伎劇の上演」などの方針を打ち出した。

ただ、幸四郎の誤算は、第一に東宝の重役兼座付き作者・演出家であった菊田一夫が、名もない庶民の哀歓を抒情的に描くことを得意とする人で、幸四郎を生かすような英雄劇は苦手だったこと。そして第二は、いずれ新装再開場すればホームグラウンドになると期待されていた帝国劇場が、歌舞伎の上演にはまったくふさわしくない劇場になったことであろう。残念ながら、東宝での幸四郎の新作には、見るべきものが少なかった。

それでも東宝は、幸四郎のために有識者を集めた「東宝歌舞伎委員会」を発足させ、この委員会の企画として「桑名屋徳蔵」や「立場の太平次」の復活上演をした。これは国立劇場における復活通し狂言の先鞭をなすものである。演出を再検討しての「熊谷陣屋（くまがいじんや）」や「碇知盛（いかりとももり）」の上演もあり、これらはそれぞれに、評価されるべき仕事だったといえよう。

41年に国立劇場が開場すると、松竹・東宝双方から中立的立場にあるこの劇場に、幸四郎は年一、二回出演して歌舞伎を演じられるようになり、手馴れた古典で至芸を披露したほか、三島由紀夫の『椿説弓張月（ちんせつゆみはりづき）』など新作にも主演。さらに、松竹の歌舞伎公演に出演する機会も生まれた。そして46年にはフリーの立場となり、翌年からは、本格的に歌舞伎に復帰することになる。

歌舞伎の側からいえば、まことに喜ばしいことだった。あらためて観る幸四郎の座頭役は、さすがにほかの人とは桁の違う〝本物〟を感じさせた。弁慶、熊谷、由良之助、石切梶原、盛綱、仁木弾正、世話物では幡随院長兵衛、「加賀鳶」の松蔵、「引窓」の十次兵衛など、松竹へ戻ってからだけでも、くりかえし演じた名品は多い。また、この時期の初役では、『新薄雪物語』の幸崎伊賀守がすばらしかった。ことに「三人笑い」の場は、勘三郎の園部兵衛、歌右衛門の梅の方と、旧吉右衛門劇団の三羽烏がひさしぶりにそろい、長く印象に残る名舞台になったのである。

歌右衛門との名コンビを見られる機会も、ふたたび多くなったが、「関の扉」の関兵衛と小町・墨染、「金閣寺」の大膳と雪姫、「吉野川」の大判事と定高、「籠釣瓶」の次郎左衛門と八ッ橋、最後の舞台にもなった『井伊大老』の井伊直弼とお静の方などには、はっきり、この二人ならではの世界があり、それが円熟した形で示された。歌舞伎役者としてもっとも充実する時期には、その分野で、なすべきことをきちんとやったわけである。

昭和53年から、幸四郎の大石内蔵助で、毎年11月に『元禄忠臣蔵』の連作を3年がかりで上演する企画が、国立劇場ではじまった。初演された順番と関係なく、描かれた出来事の時間順に並べ直し、全編を完全上演しようという空前の計画である。しかし、その2年目に幸四郎は病を得、初日の舞台をつとめた後、休演する。そして、残念ながら3年目はなかった。

それにしても、私は休演の前の月、10月の歌舞伎座で、幸四郎が『米百俵』（山本有三作）の小林虎三郎を演じていたことが忘れられない。このとき、すでに病に侵されていたはずだが、まさに入魂の熱演により、歌舞伎座の出し物としてはいささか辛めのこの作品で、客席を深い感銘に包んだのだ。『元禄忠臣蔵』といい、これといい、史劇に対する幸四郎の思い入れが、ひしひしと感じられた。結局、同時代に真山青果や山本有三のような作者を得られなかったことが、彼の大きな不幸だったというべきかもしれない。

1年半後の56年9月、幸四郎は舞台に復帰する。そして、翌57年、自身は隠居名として白鸚と改名し、長男染五郎を幸四郎に、その子金太郎を染五郎にすることを決め、歌舞伎座で2ヶ月にわたる襲名披露公演を無事にやり終えて、2ヶ月後に長逝した。三代の襲名は、病気になる前から計画していたことだというが、結果的には、死後のことまで、きちんと道筋をつけてから逝ったことになる。そして、今にして思えば、あの東宝移籍の際に白鸚が思い描いていた〝新しい演劇〟の創造とは、自分一代というような短いスパンでなく、子や孫の代まで視野に入れてのことだったかもしれない。

二代目 中村鴈治郎

【なかむら・がんじろう】
明治35年（1902）2月17日・生
昭和58年（1983）4月13日・没

私が観た役者のなかで、思わず「うまい」と唸りたくなった人は、西の二代目鴈治郎に東の十七代目中村勘三郎。まず、この二人が双璧であった。

うまさというのは、単なる小手先のテクニックではない。虚と実との微妙な兼ね合いによって、真実以上の真実味を観る者に感じさせる点にあり、同時に歌舞伎のような娯楽性の高い演劇では、登場の瞬間から観客の心を摑んでしまうような魅力もたいせつである。それには、人間への鋭い洞察力もむろん必要だし、基本となるテクニック、身に備わった味わいや芸の愛嬌、さらにはそれらを渾然一体化してみせるセンスが必要になる。鴈治郎は、生まれながらにして演技することを天職としているような人であった。それは演技ばかりのことではない。役者としての彼の人生も、一筋縄ではいかないしたたかさを持っていたのである。

初代鴈治郎の三男でありながら、家の継承者となったのは、長男の林又一郎が病弱であり、次男も夭逝したためであった。このあたりには、何か運命的なものを感じる。

初舞台は明治39年、4歳のときで、その後の2、3年間こそ、舞台数は少なかったが、43年、8歳で初代扇雀と改名したころからは、ほとんど毎月のように出演している。13歳の大正3年には「少年歌舞伎」の旗揚げがあり、座頭として大人の主役級の役をつとめることにもなった。この少年歌舞伎が3年、その後「青年歌舞伎」に足かけ5年出演する。ふつうなら、10代なかばは中途半端な時期で、あまり役もつかないが、鴈治郎の舞台歴には、そうした空白がまったくない。父から手を取って教えられた役は、少年歌舞伎第一回の「伊勢音頭」の貢と「三代記」の三浦之助だけだというが、少年歌舞伎と青年歌舞伎を通して、時代物では〝生締物〟の実盛、盛綱、石切梶原など、世話物では治兵衛、忠兵衛、伊左衛門など上方和事や「引窓」の十次兵衛、「沼津」の重兵衛、「宿無団七」の団七茂兵衛など、さらには「肥後の駒下駄」「小笠原騒動」といった明治期の実録物まで、父の当り役といわれるものはあらかた経験しつくしてしまった。20歳そこそこで、すでにたいへんな蓄積を持つ役者だったのである。しかも、そうした人気絶頂のさなかに父の一座に戻り、あらためて大歌舞伎の修業をはじめたところに、彼の偉さがあった。

昭和10年、初代が没すると、関西歌舞伎は二代目實川延若（えんじゃく）、三代目中村梅玉（ばいぎょく）、初代中村魁車（かいしゃ）、その下に三代目阪東寿三郎があって扇雀が続く、といった体制になる。が、何といっても、大阪人の期待は、やがて扇雀が上方歌舞伎の中心に立ち、初代鴈治郎全盛時代の夢を再現してくれることだった。昭和16年、初代の実父である翫雀（かんじゃく）の名跡を四代目として襲名し、戦後の22年、一代限りといわれていた父の名跡を継いで二代目鴈治郎となったのも、そうした周囲の輿望（よぼう）をバックに敷かれたレールだったのであろう。

しかし、ここでも彼は、再度の出直しをする。親子だから、当然、風貌も似ているし、器用な人だから観客が喝采を送るような初代写しの芸を見せることもたやすい。だが、そうした物真似芸を脱して、独自の芸境を拓（ひら）くことに努めたのである。ことに戦前の翫雀時代は、派手な技巧を封じて地味なリアリズムを追求し、後年の父がまったく手がけなかった女方にも、積極的に取り組んだ。その結果、「酒屋」のお園のように、ひたすら耐える淋しい役にあらたな傑作を生んでいる。また、研究家の彼は、早くから近松門左衛門を勉強していた。戦後間なしの混沌とした時期に、近松物の研究会を企画したこともあった。

これは、結局実現しなかったが、息子の現坂田藤十郎が立ち上げた「近松座」の発想のもとは、じつはここにある。近代の上方歌舞伎の、大衆娯楽的な技巧はじゅうぶん会得していながら、上方歌舞伎の原点として、近松の世話物のリアリズムを、鴈治郎は見据えていたのである。

こうして彼は、上方歌舞伎を背負う立場となった。

だが、父の時代には周囲にも上方根生(ねお)いの名優がそろい、相手役の女方にも不足はなかった。それに対して戦後のこの時期、気がつけばまわりは東京からの移籍組ばかりになっていたのである。かつての少年歌舞伎、青年歌舞伎の仲間で残っているのは、脇役に甘んじる人ばかりだった。当然、上演される演目にも東京色が強くなる。

28年、盛夏の新橋演舞場で初演した『曾根崎心中』(宇野信夫脚色)は、現藤十郎とのコンビで大成功をおさめ、のちに上演記録を作るほどの人気演目となった。が、この時期、そうした収穫はあったものの、結局、昭和30年、鴈治郎はついに〝無期休演〟を宣言して歌舞伎を離れることになった。それについては、一口では言えない複雑な心境があったと思われるが、大看板を背負って立つ身の責任として、こうした関西歌舞伎の変貌が我慢できない、ということも、大きな理由であったに違いない。そして、ほどなく映画(大映)

に誘われ、サラリーマンなら定年間近という年で、まったくあたらしい世界に転進することになったのである。別の角度から見れば、歌舞伎の分野では、とりあえずやるべきことはやり切った、つぎはまた違う世界を体験してみたい、という飽くなき役者根性ともいえる。

映画での鴈治郎は、時代劇のみならず、現代物にも数多く出演した。白塗りの二枚目役を得意とした人が、実年齢に近い初老の役で、ありのままの姿をカメラに曝(さら)したのだ。生半可な気持ちでできることではない。黒澤明監督の『どん底』では「歯が抜けるか」と聞かれ、翌日には全部の歯を抜いてしまったという。ほかにも小津安二郎、成瀬巳喜男、市川崑ら、錚々(そうそう)たる監督たちの〝文芸作品〟に出演した。一方で娯楽性の高い『殺陣師段平』(瑞穂春海監督)や『女系家族』(三隅研次監督)のおもしろさも格別である。

こうして、大映に在籍すること10年、百本あまりの作品に出演したが、30年代の終わりごろには映画も斜陽産業化し、鴈治郎は昭和40年、歌舞伎に復帰する。すでに、関西歌舞伎は事実上崩壊していた。大看板を背負っているという気負いも消え、鴈治郎は門閥の関係ない映画俳優のように、一人の役者として東京の舞台にも関西の舞台にも立つ、という心境になっていたと思う。裏返していえば、それは積み重ねてきた経験にもとづく確固た

『双蝶々曲輪日記』　南方十次兵衛

る自信によるものでもあった。私は、復帰後の時期はほとんど観たことになるが、映画へいく前にくらべて、はるかに洗練された芸になっていたといわれる。

老若男女、あらゆるタイプの役、あらゆるタイプの芝居を演じ分けた。むろん、いちばんの売り物は上方和事で、とくに上演頻度の高かった「河庄」の治兵衛は、やはり絶品だった。最後の舞台が「新口村」の忠兵衛だったのも、和事師にふさわしい終わり方である。

だが、私などは、むしろ敵役、老け役、三枚目、女方などに思い出が多く、じつは白塗りの役よりも、これらの方が彼の本領なのではないかと思ったりもする。大阪の匂いを濃厚に湛え、「沼津」の重兵衛、「先代萩」の八汐、「寺子屋」の源蔵など、古い大阪のめずらしい型を堂々と披露したが、それが東京の観客にも抵抗なく受け入れられ、周囲の役者たちと違和感を生じることもない。そこら辺の手加減も、まことに心得たものであった。もっとも、大阪の舞台で演じているときこそ、鴈治郎は本来の大阪風の演技をしたのではないか。中座で「忠臣蔵」の師直や「柳生実記」の大久保彦左衛門を観たとき、私はそんなことを感じた。

八汐は歌右衛門の政岡の相手役として、とくに「竹の間」が極上の傑作だったが、もともと女方の修業をした人だから、こうした敵役ばかりでなく、通常の女方の役にも持ち役は多い。情味を見せる世話女房や〝片はずし〟がよかったが、「酒屋」のお園、「帯屋」のお絹、「熊谷陣屋」の相模などの〝クドキ〟のおもしろさは格別だった。表面は内輪に、リアルに見せながら、じつは細かい動きのひとつひとつが竹本の三味線に乗ってリズムを刻んでいる。その実と虚のせめぎ合いが絶妙なのである。「道明寺」の覚寿、「盛綱陣屋」の微妙、「輝虎配膳」の越路、「国性爺」の渚、「二月堂」の渚の方など、老女役を早くから得意としていたのも、演技派の彼ならではの面目がうかがえよう。

女方の情味と対照的に、「暫」のウケや「妹背山」（花渡し）の入鹿など、公家悪の超人的な薄気味悪さ、「ちょいのせ」の善六のような三枚目の滑稽ぶりもみごとだった。

最晩年の50年代、鴈治郎は三代目市川猿之助（現猿翁）の一座に毎回のように出演している。ケレンを多用して娯楽性を追求する「猿之助歌舞伎」は、このころ、もっとも活発な創作がおこなわれ、絶大な人気を博していたが、大幹部のなかにはこれに否定的な人も多く、今からは想像できないほど、風あたりも強かった。そうした舞台にこだわりなく出演し、あらたな作品を作り上げる楽しみをともに味わいながら、猿之助の果敢な挑戦を支えた心意気。これもまた、絶対的な自信があったればこそだったと思われる。

十七代目
中村勘三郎

【なかむら・かんざぶろう】
明治42年（1909）7月25日・生
昭和63年（1988）4月16日・没

二代目中村鴈治郎のところでもふれたように、私が観た歌舞伎役者のなかで「芝居上手」といえば、この鴈治郎と十七代目勘三郎が双璧だった。出の一瞬で観客の心をとらえてしまう愛嬌と間合いのよさ、現実的な人物から超自然的な存在まで、その本質をズバリとつかんで成り切ってしまう勘のよさ、するどい反射神経など、この二人に共通する要素は多かった。ただ、鴈治郎が冷徹なリアリストであったのに対し、勘三郎は感傷的なロマンチストだったかもしれない。芝居のなかで実際に涙を流す鴈治郎というものは想像しにくいが、勘三郎は、感極まるとよく泣いていた。「俊寛」の幕切れなどはその代表である。感情のおもむくままに、それを抑え込むことなく役を染め上げていきながら、最後の一点で〝演技〟という客観性が担保されている。そういうときの舞台は本当に凄かった。若いころから、できの良い役と悪い役の落差が大きいといわれ、その傾向は晩年にもあったが、ツボにはまった役は、ほかの人がどう真似ても真似られない個性的なおもしろさになったのである。勘三郎が、戦後歌舞伎を代表する名優の一人だったことは間違いないが、伝承芸の世界の人としては、ある意味、特異なタイプだったともいえよう。もちろん、個性だけでギネスブックに載るほどの多くの役を演じ分けられるわけはない。若いころから〝芸熱心〟といわれたように、そこには営々と蓄積されたはかりしれない芸の抽斗(ひきだし)があった。

素顔では、気分のムラの多いお天気屋だともいわれた。しかし、その子供っぽい我儘(わがまま)の裏で、何もかも心得ていた人だったという気がする。天衣無縫(てんいむほう)にふるまいながら、じつは情に厚い苦労人。それが、彼の舞台から感じられる〝個性〟であった。

勘三郎の父は三代目中村歌六だが、初代吉右衛門や三代目時蔵が正妻の子だったのに対し、勘三郎は、歌六が60歳を過ぎて外に儲けた子だった。親子ほど年の違う兄吉右衛門の庇護を受け、5歳のとき、三代目米吉を名乗って初舞台を踏むが、10歳で父と死別。以後、別の旦那を持った母、母を異にする兄たちといった複雑な人間関係のなかで米吉は成長していくことになる。彼の芸風に見られた陰影や屈折、苦味といったものを、そうした幼時体験と結びつけるのは、いささか小説的に過ぎようが、一般論として、もっとも多感な時期に体験したさまざまな心の痛み、人間世界の哀しさを終生忘れず持ち続け、それを芸の個性に昇華させるということは、すぐれた舞台人の資質を示すものであろう。

昭和4年、四代目もしほを襲名し、7年からは「青年歌舞伎」に参加するが、このころまでは女方が主で、二枚目を兼ねるというのが彼の役どころだった。これは兄の方針だったようで、吉右衛門は、ゆくゆくはもしほを相手役にとも考えていたらしい。青年歌舞伎では、「時雨の炬燵（こたつ）」のおさん、「毛谷村（けやむら）」のお園、「寺子屋」の千代、「お祭佐七」の小糸などが高い評価を得ているし、二枚目役にもいいものがあった。

だが、そうした世評の枠にとどまらず、一方では六代目尾上菊五郎の近代的な写実芸にあこがれ、一方では四代目澤村源之助の古風な味にひかれるなど、芸に対しては貪欲だった。昭和10年、さらに東宝劇団に移籍したのも〝立役をやりたいため〟だったというが、それによって、私淑する六代目菊五郎の芸を学びたいということもあったのだろう。吉右衛門が市村座を脱退した後も、菊五郎は、何かともしほに目をかけていたという。

ただ、立役への転向については、青年歌舞伎に三代目児太郎（のちの六代目中村歌右衛門）

という、高貴な美貌を備えた天性の女方がいたためだという説もある。当時のもしほの女方姿は、おっとりとしてちょっと淋しげな可憐さという印象で、もしほ襲名でつとめた「白石噺」の信夫（しのぶ）のような純朴な田舎娘の役はいかにもよさそうだが、姫役などは似合わなかっただろう。とすれば、ここにもひとつの屈折があった。吉右衛門劇団で長く一座していた歌右衛門に対しては、ある種特別な意識を、終生持っていたように思われる。

だが、東宝劇団で『瞼（まぶた）の母』の忠太郎、『檻』の友珍と五郎吉、『一本刀土俵入』の駒形茂兵衛など、長谷川伸の作品を立て続けに演じることにより、もしほにはあらたな芸境が拓（ひら）かれ、同じく長谷川伸の作品に特色を見せていた菊五郎の当り役を受け継ぐ足がかりともなった。14年には東宝劇団を退団、しばらく関西歌舞伎に籍を置いたが、17年には東京に戻され、19年には菊五郎の長女と結ばれることになる。

それにしても、一般に歌舞伎役者は親や一族の型や当り役を受け継ぎ、それをもって独自性を主張したり、存在証明としたりする。吉右衛門一座にいた勘三郎が、吉右衛門のライバルである菊五郎の芸を受け継ぐということは、かなり異例のことだった。そうした意味でも、勘三郎は型破りの生き方をつらぬいた歌舞伎役者だったといえよう。

戦中から戦後にかけて、芸も私生活もかなり荒んだ模索の時期もあったが、菊五郎の死の翌年の25年、勘三郎を襲名したあたりから、はっきり立ち直りを見せたという。

勘三郎の名跡は、江戸で最も権威のあった中村座の座元の名で、中村姓のすべての名跡の元祖である。明治以後、中村座の退転とともに中絶していたものだが、縁あってそうした由緒ある名前を継いだことで、あらたな意欲が生まれたのであろう。これから30年代にかけてが、彼の舞台がもっとも充実したといわれる時期である。

「宇都谷峠」の文弥と仁三、「小堀政談」の湯灌場吉三、「加賀鳶」の道玄と梅吉、御所五郎蔵、「四千両」の富蔵、髪結新三、筆売り幸兵衛、直侍、「文七元結」の長兵衛など、黙阿弥物やその系統の世話物、「寺子屋」の松王丸、「堀川」の与次郎などの義太夫狂言、『暗闇の丑松』の丑松、『刺青奇偶』の半太郎、『巷談宵宮雨』の竜達などの新歌舞伎。これらは六代目菊五郎の当り役だったものだが、古典では、ほかに勘三郎襲名で演じた大蔵卿をはじめ、「稲妻草紙」の名古屋山三、「法界坊」、「助六」、「籠釣瓶」の次郎左衛門、新歌舞伎では『西郷と豚姫』のお玉、さらには『浮舟』の匂の宮、『鰯賣戀曳網』の猿源氏、『赤い陣羽織』の代官、『盲目物語』の弥市と秀吉、『末摘花』の末摘花など自身が初演した新作、そして舞踊の『お祭り』や歌右衛門に付き合った『隅田川』の舟長など、これらを続々と初演し、ほとんどの役が好評を博してその後の当り役となったのだから、その勢いはすさまじい。勘三郎40代前半から50代後半にかけてである。

私の知る昭和40年代以降は、なお、初役への挑戦も続いていたが、一方で自他ともに許す当り役をくりかえし演じる円熟期に入っていた。髪結新三と筆売り幸兵衛は、その代表である。だが、漠然とした印象では、黙阿弥物と同じぐらいの比重で、勘三郎は新作や新歌舞伎を好んで演じていたような気がする。新派や東宝の現代劇にもよく出演した。六代目菊五郎同様、古典の〝型の芝居〟はどこか馴染まない、というより、もう、それを超越して人間をじかに描くことに興味が移っていたのかもしれない。

戸板康二は、六代目菊五郎が五代目の型をきっちりと演じたものとして、狐忠信と勘平をあげているが、勘三郎の勘平も、心理主義的傾向はあっても、型物としてきっちりと演じていた。「菊畑」の虎蔵、「鈴ヶ森」の権八、「十種香」の勝頼などは晩年までつとめていたが、これらにも、古風な若衆役の演技の骨法というものが、きちんと備わっていた。

しかし、女方となると、最早、人間性のおもしろさを見せるような役、つまり、普通は真女方がつとめないような役に、もっぱら興味があったようだ。「伊勢音頭」のお鹿、『西郷と豚姫』のお玉など、器量は悪いが心根はいじらしい女。あるいは「鏡山」や「再岩藤」の岩藤、「先代萩」の八汐などの悪女である。お鹿など、本来はただの三枚目だが、そこに人間的な奥行きを加えたのは、勘三郎の一種の〝創造〟だった。立役も同様で、古典の人物であっても新作と同じように勘三郎のなかで血肉化され、生き生きとした人間性を帯びて表現される。前に書いた「個性的なおもしろさ」というのは、そういうことである。

唯一、ふつうの女方の役で、晩年まで演じたのは「夏祭」のお辰だった。四代目源之助の型を学んだものだが、鉄弓を顔に当てるくだりや花道の引っ込みなど際だった見せ場もさることながら、私は徳兵衛に「先に一人で帰れ」といわれた次第を三婦に話すくだりが好きだった。夫に対する深い愛情を示しながら、すねるような、照れるような調子で語る愛嬌たっぷりの可愛らしさ。あれは、やはり真女方にはできない演技だったと思う。

菊五郎系の遺産に対し、30年代の終わりごろからは、にわかに兄吉右衛門の遺産、とくに線の太い時代物に挑戦することも多くなった。「盛綱陣屋」の盛綱、「馬盥」の光秀、「逆櫓」の樋口、「三代記」の佐々木、『二条城の清正』の清正、「熊谷陣屋」の熊谷、「吉野川」の大判事など。まことに目を見張るような、新境地開拓への意欲である。

しかし、定評ある「大蔵卿」や「袖萩祭文」の袖萩と貞任、「俊寛」などは別として、吉右衛門ゆずりの時代物は、概して評判は今ひとつだった。英傑にふさわしからぬ人間味

『仮名手本忠臣蔵』　早野勘平

があり過ぎ、感傷的になり過ぎたためである。しかし、それも勘三郎独自の味ではあった。結局、吉右衛門の遺産では、「夏祭」の団七（お辰と二役）、「沼津」の平作、「籠釣瓶」の次郎左衛門、「佐倉宗吾」など、やはり世話物がよかったということになる。

こうした主役級の役とは別に、私が懐かしく思い出すのは「妹背山御殿」の豆腐買いや『女暫（おんなしばらく）』の舞台番など、ちょっと出るだけで場内の空気をさらっていく〝御馳走〟役である。持ち前の愛嬌をふりまきながら、けして主役を食うようなことはせず、逆に引き立てるという、ほどのよさと心意気。短い登場時間ながら、しみじみ、いい役者だと思わせた。いかにも大歌舞伎らしい洒落た味。これも、ほかに真似手のないものであった。

兄の吉右衛門は、大看板でない歌六の子でありながら、一代で吉右衛門という名を大きくした名優だった。同じ歌六の、しかも庶子に生まれて、一代で勘三郎家の芸を作り上げた彼もまた、傑出した才人だったというべきであろう。

二代目 尾上松緑

【おのえ・しょうろく】
大正2年（1913）3月28日・生
平成元年（1989）6月25日・没

二代目松緑は、いわゆる〝高麗屋三兄弟〟のいちばん下である。兄たちに頭を抑えられて育っただけに、自分の取るべき立ち位置を瞬時に把握したり、他人はもとより自分の芸や性格をも客観的に分析したりする判断力というものが、自然と身についたということがあったかもしれない。一見、その芸も人柄も、まことに陽気で豪放磊落（ごうほうらいらく）といった印象があったが、その実、冷静な分析力や律儀な細心さを備えていた人であることが、その舞台の端々からも、また書かれた芸談からも察せられた。別のいい方をすると、松緑はこの世代の歌舞伎役者としては、バランスの取れた現代人感覚を持っていた人だったと思う。足かけ10年にわたって軍隊生活を経験したことも、それと無関係ではないだろう。

長兄の十一代目市川團十郎は不器用な人だったし、次兄の松本白鸚はもともと役者が好きではなかったという。その点、松緑は兄弟のなかでいちばん器用であったし、また踊りや三味線などの稽古も好きだった。そんな彼を、世話物と舞踊を得意とする六代目尾上菊五郎に預けたのは、やはり父幸四郎のすぐれた判断というべきだろう。その上、父からも時代物や荒事を受け継いだから、結果的に時代、世話、舞踊、新作まで幅広い領域に通じた役者となった。

松緑が六代目の手許に行ったのは、昭和2年、14歳の暮れである。菊五郎は、一門の若手にいい役をつけたり、「青年歌舞伎」で自由に出し物をさせたりするようなことを好まず、つねに自分の目の届くところに置いて、「見て覚えろ」と口癖のように言ったという。松緑も戦前、30歳を超えるまで、与えられたのはほとんど端役ばかりだった。若手の勉強会で『土蜘(つちぐも)』『船弁慶』などを演じたのが、わずかな例外だろう。昭和10年、豊(本名)から二代目松緑を襲名したときは「先代萩(せんだいはぎ)」の男之助をつとめ、父幸四郎と菊五郎も共演したが、むろん、これは特例である。

しかし、つねに菊五郎と同じ舞台に立ち、あるいは舞台袖から見学することで、師の芸は確実に松緑のなかで血肉化されていく。とくに「髪結新三(かみゆいしんざ)」の勝奴、「魚屋宗五郎」三吉などで菊五郎のイキを間近に学んだことは、のちに新三や宗五郎を当り役として継承する布石となった。しかも、松緑は見た舞台について克明なノートを取っていたという。天才型だった六代目に対し、松緑はコツコツと努力を重ねる秀才型だった。

戦後になると、21年に東劇で演じた『土蜘』（幸四郎、菊五郎、それに七代目坂東三津五郎らが間狂言に出た）が好評を博し、ようやく一般に、松緑という役者が注目されるようになる。その後は六代目の指導で「千本桜」のいがみの権太や狐忠信、「天下茶屋（てんがじゃや）」の元右衛門、魚屋宗五郎などを、順次、継承していくことになった。

昭和24年の相つぐ名優の死は、松緑にとっては父と師を続けて失うことであったが、この年、幸四郎の当り役である『勧進帳』の弁慶や「関の扉（と）」の関兵衛実は黒主を初演しているし、菊五郎最後の舞台となった4月の東劇では、3日目から「加賀鳶（かがとび）」の道玄を代演した。初役であったが、〝見て覚え〟た日ごろの成果が生かされたのである。そして六代目の没後は、菊五郎劇団の公演の中心的存在の一人となる。兄海老蔵（十一代目團十郎）や女方の梅幸のような美形ではなかったが、松緑の人気はとても高かった。

当時の彼の写真や映像を見ると、健康的な巨体にあふれんばかりのエネルギーがみなぎっている。この活力が、戦後復興期の気風にマッチしたということもあるだろう。二枚

石橋健一郎　いしばし けんいちろう

昭和30年（1955）神奈川県生まれ。東京大学文学部国史学科卒業。国立劇場で伝統芸能の調査研究・資料収集、公演プログラムの編集、復活狂言（歌舞伎）の上演台本作成などに携わる。文化庁主任文化財調査官を経て、現在は国立劇場調査養成部主席芸能調査役。著書に『歌舞伎見どころ聞きどころ』（淡交社）『歌舞伎と舞踊』（小峰書店）『図解 雑学 よくわかる歌舞伎』（ナツメ社）など。

装幀　中本訓生

淡交新書
昭和の歌舞伎 名優列伝

平成28年10月15日　初版発行

著　者　石橋健一郎
発行者　納屋嘉人
発行所　株式会社 淡交社
本社　〒603-8588 京都市北区堀川通鞍馬口上ル
営業　075-432-5151　　編集　075-432-5161
支社　〒162-0061 東京都新宿区市谷柳町 39-1
営業　03-5269-7941　　編集　03-5269-1691
http://www.tankosha.co.jp
印刷・製本　図書印刷株式会社

ISBN978-4-473-04120-3

目系とは言えなくても、父ゆずりの〝男の色気〟を備えていたということもある。だが、その人気の最大の理由は、彼の現代性に由来する親しみ易さにあったのではないか。女性ファンはもちろん多かったが、男性客にも好感を持たれる、そんなタイプの役者だった。30年代以後、菊五郎劇団公演で『シラノ・ド・ベルジュラック』のシラノを演じたり、単身、新劇に参加してサルトルの観念劇『悪魔と神』のゲッツを演じたりするなど、西洋劇にも挑戦しているし、映画の現代物やテレビのホームドラマにも出演している。こういうことを、同世代でもっとも自然に、違和感なくできるのが松緑だった。

團十郎が逝き、幸四郎（白鸚）が東宝にいた昭和40年代、松緑は由良之助、仁木弾正、熊谷直実、『絵本太功記』の光秀、「吉野川」の大判事といった時代物の座頭格の役を一手に引き受けていた。かつて、菊吉両劇団が個別に活動していた時期に経験した役々ではあるが、今や全歌舞伎役者のなかで、こうした役が彼に振られる時代になったのである。

しかし、こうした役の松緑は、どこか単調で陰影に乏しいという物足りなさを感じさせた。これもまた、松緑の平明な現代性に由来する負の側面だったのであろう。

一方、世話物では、魚屋宗五郎、いがみの権太、「吃又」の又平など、この時期、ほとんど彼の専売特許になっていた役がいくつもあった。

実際、膝の故障（それは軍隊生活の後遺症だという）が悪化する前の宗五郎や権太は、緻密な音羽屋型を流れるように演じ切る爽快さがみごとだった。又平は六代目の新演出を継承したものだが、現今この型で演じる人が、とかくシリアスな悲劇になり過ぎるのに対し、松緑はどこか飄々（ひょうひょう）とした素朴な軽みがあり、逆に哀感を深める効果になっていた。

この、巧まざるユーモアという持ち味も、松緑の魅力のひとつで、荒事はもちろん、「弁慶上使」の弁慶、「国性爺（こくせんや）」の和藤内、「博多諷（はかたのひとふし）」の毛剃（けぞり）、「腰越状（こしごえじょう）」の五斗兵衛などの義太夫狂言、『素襖落（すおうおとし）』などの狂言舞踊でも、それは生かされていた。狂言舞踊といえば、『身替座禅』は、後年ほとんど勘三郎の出し物になってしまったが、松緑のカラリとした明るいユーモアと男の色気にも、捨てがたいものがあったと私は思っている。

この時期、「尾上松緑奮闘公演」という形で、ほとんど出ずっぱりの活躍を見せることもしばしばあった。それは、彼の超人的なエネルギーを示すとともに、こうした活躍ぶりを歓迎し、支持するファンが多かったことのあらわれであろう。

そうした奮闘公演の最後、ともいえるのが、51年10・11月の国立劇場で通し上演された『義経千本桜』であろう。この公演で、松緑は知盛、権太、狐忠信の三役を2ヶ月にわたって完演した。昔から、この三役すべてを満足に演じることが、立役のひとつの理想と

『義経千本桜』　新中納言知盛

されているが、九代目團十郎も権太は無理だったし、五代目菊五郎は知盛が駄目だった。六代目菊五郎は三役すべてを演じたが、やはり知盛は不評だったという。

松緑は、六代目ゆずりの狐忠信でまず成功し、前記のように、壮年期は権太が持ち役だったが、この国立劇場公演のとき、だれもが絶賛したのは知盛である。七代目尾上梅幸の典侍局もよく、この円熟のコンビの描き出すスケール、格調、深みは比類のないものだった。翌52年の歌舞伎座の「忠臣蔵」で演じた師直(もろのお)と「七段目」の由良之助もふくめ、松緑の時代物が、この時期、あらたなレベルに到達したことを印象づけたのである。

松緑が時代物の大役を最後に演じたのは、61年6月歌舞伎座の「熊谷陣屋(くまがいじんや)」の熊谷である。体調の悪さはだれの目にも明らかだったが、型を略さずに演じる律儀さが、そのまま熊谷という人物の真摯な生き方に重なって、私は深い感銘を受けた。その前月に演じた魚屋宗五郎も、かつてのような菊五郎劇団のみごとなアンサンブルや、松緑自身の演技の切れ味は失われたかわり、酔って前後不覚となっていく宗五郎のすがたに、蟻地獄の底へ引き込まれていくような、どんよりとした心の闇が重くただよっていて感銘深かった。

松緑の功績は、まず何といっても六代目の芸を忠実に祖述、再現した点にあるだろう。また、父幸四郎からも荒事や時代物の役を受け継いだが、これらも基本に忠実で模範的な演技であった。そうした伝承者、指南番としての役割、これが第一であろう。

　一方、創造面では、国立劇場の正月公演で長年にわたっておこなった歌舞伎十八番の復活上演や、日本舞踊の家元・四代目藤間勘右衛門として『達陀（だったん）』などの新作舞踊を残したことなどをあげるべきであろうが、私は、新作における松緑のせりふの巧さというものを思い出す。そして、このせりふ術は古典歌舞伎にも発揮され、難解な古典を身近なものに感じさせたのである。これもまた、彼に備わった現代性の一面といえよう。

　しかし、晩年の舞台には、そうした伝承者の役割や生来の現代性を超越した深い境地というものが、生まれていたと思う。宗五郎や熊谷の数年前に演じた『勧進帳』の弁慶の重厚な気迫、「関の扉（と）」の関兵衛実は黒主の古怪でスケールの大きい幻想美も印象に残る。『勧進帳』は勘三郎の富樫、梅幸の義経。「関の扉」は歌右衛門の小町と墨染、勘三郎の宗貞。いずれも戦後歌舞伎の頂点を示し、その最後の輝きを見せた大舞台だった。

十三代目

片岡仁左衛門

【かたおか・にざえもん】
明治36年（1903）12月15日・生
平成6年（1994）3月26日・没

十三代目仁左衛門を語る場合、ひとつのシナリオができ上がってしまっているようだ。昭和56年11月、77歳のときに国立劇場の『菅原伝授手習鑑』で演じた菅丞相が、神品ともいうべき傑作だったこと。このころ、すでに緑内障で視力を失いかけていたが、80代になると、高齢の上に目が不自由であるにもかかわらず、その演技はさらに深みを増し、「忠臣蔵」（四段目・七段目）の由良之助や「寺子屋」の松王丸など、体力も精神力も必要な座頭級の大役をもこなしたこと。そして、90歳で没する直前まで舞台をつとめ、その精進ぶりは観る者に崇高なものを感じさせたこと。それらはまったくその通りである。ただ、当然ながら菅丞相を境に、突然、仁左衛門が名優になったわけではない。それまでの仁左

『菅原伝授手習鑑』　菅丞相
© 国立劇場

衛門も、観ていてまことに気持ちのいい、また値打ちを感じさせる役者だった。

この〝値打ち〟を生んだ背景は三つあるだろう。第一に少年期・青年期を名優十一代目仁左衛門の子として最高の御曹司待遇で過ごした育ちのよさ。第二に舞台への純粋無垢な愛着と情熱。第三に神仏や先祖に対する信仰心の深さに示される謙虚な性格である。菅丞相以後の円熟の舞台も、この三点が時間をかけて結実したものだったといえよう。

2歳のとき、本名の千代之助を名乗り、京都・南座で初舞台。やがて、父が歌舞伎座の座頭格におさまると、以後は青年期まで、ずっと東京で修業することになる。

十一代目は、初老になって授かった千代之助を溺愛した。子供のころから、お茶屋遊びにも同行したという。舞台でも、父の権勢をもって子役としては破格の待遇を得た。

父の終生のライバルだった初代中村鴈治郎の後継者として、千代之助より1歳年上の扇雀（のちの二代目鴈治郎）がいたが、子役時代の扇雀が、怜悧ななかにもおっとりした感じだったのに対し、千代之助は目から鼻に抜けるような、こまっちゃくれた子役だったらしい。子役ながら、自分なりの〝解釈〟というものを見せたのだ。だが、それは父の教育方針でもあった。明治44年、十一代目は「片岡少年俳優養成所」を開設する。一般家庭の子でも、歌舞伎を学びたい者は入所を許すという、日本における俳優学校の草分けのような事業だったが、じつは千代之助の教育が最大の目的だったろう。父から手を取って教えられたのは、この少年劇が本興行として公演したときの「忠臣蔵」の由良之助、「堀川」の与次郎、「馬切り」の松平長七郎、「吉田屋」の伊左衛門だけだったという。

少年劇を卒業した10代後半から20代にかけて、時代としては大正後半には、十二代目は千代之助のために研究会「古今座」を作った。古は日本の古典、今は西洋劇などの新劇である。ここで、広い意味での〝演劇〟というものを学ばせる機会を作ったのだ。が、この時点では、まだがむしゃらな熱演が、いたずらに空転するような演技が続く。父の権勢でいい役がつく分、客席からは「大根」の野次が浴びせられることが多かった。

古今座は二回の公演をおこなった後、関東大震災で頓挫するが、千代之助は昭和4年に四代目我當を襲名。7年からはじまった「青年歌舞伎」では座頭の位置におさまった。これまでのキャリアが物をいい、役者ぶりの大きさという点で座頭の資質を示したのである。

この「青年歌舞伎」では、じつに多くの主役を経験した上に、それぞれの役で当時一流の人の教えを受けた。『絵本太功記』の光秀や「毛谷村」の六助は七代目市川中車、盛綱、熊谷、俊寛などは初代中村吉右衛門、仁木弾正は六代目尾上菊五郎、『勧進帳』の弁慶は七代目松本幸四郎、「夏祭」の団七や「時雨の炬燵」の治兵衛は二代目實川延若といった具合である。結果的に、彼の演技も、この青年歌舞伎時代に、ようやくまとまりのある形をなしたといわれる。

しかし、14年春に青年歌舞伎は解散。すでに父は亡く、我當は関西に移る。運命の不思議というか、父とは逆に前半生を東京で過ごし、後半生は関西の役者となったのだ。

当時の関西歌舞伎には、まだ延若、梅玉などの長老が健在で、得るところも大きかったし、戦時中、我當は扇雀とともに、もっとも精力的に活躍した。だが、戦後は東京から移籍した役者が中心となって、関西歌舞伎は急速にその質を変え、そして衰退していく。昭和30年、鴈治郎はあっさり映画俳優に転身した。

それに対し、仁左衛門（26年襲名）は関西に踏みとどまったのである。

33年、大阪毎日の演劇記者だった山口廣一のよびかけで、関西の役者だけで純粋の関西歌舞伎を上演する「七人の会」の公演がおこなわれ、仁左衛門も鴈治郎も参加した。これは大きな注目を集めたが、通常の興行で歌舞伎が取り上げられる機会はますます減っていく。36年がそのどん底で、この年も「七人の会」の第三回がおこなわれ、仁左衛門は初役で菅丞相をつとめたが、本公演に出演したのは、東京、大阪、京都各一回だけだった。「七人の会」もこれが最後になる。主力となる鴈治郎が見切りをつけたのであろう。

こうした窮状のなか、翌37年8月、仁左衛門は私財をなげうって自主公演「仁左衛門歌舞伎」を実現させた。まさに背水の陣の体制で臨んだ決断だったが、公演は大成功。上方演出を守り、初心者にもわかりやすい通し狂言にしたことや、開演時間の工夫なども功を奏したのだ。「仁左衛門歌舞伎」は42年の第五回まで続いて発展的解消とした。これがよび水となって、関西でもわずかながら歌舞伎公演が復活してきたし、仁左衛門の実力が見直され、国立劇場の開場もあって東京の舞台によばれる機会も増えたのである。

とりわけ、41年1月歌舞伎座で演じた「吉田屋」の伊左衛門は絶賛された。古風でていねいに作られた仁左衛門家の型のおもしろさ、それをすっかり自分のものにした仁左衛門の和事芸、そして、逆境にあっても失われない若旦那の気概と鷹揚さに仁左衛門その人の人柄が反映したことが、東京でも高く評価されたのである。

しかし、その後も東京における仁左衛門の立場は、恵まれているとはいいがたかった。歌舞伎座の伊左衛門から国立劇場の菅丞相までの15年間に、歌舞伎座で演じた古典歌舞伎の主役というと、「帯屋」の長右衛門、「堀川」の与次郎、「輝虎配膳(てるとらはいぜん)」の輝虎、「雁のたより」の五郎七、「新口村(にのくちむら)」の忠兵衛・孫右衛門など、上方狂言や父ゆずりの家の芸がいくつか数えられるぐらいである。ほかに、主要な役としては、「菊畑」の鬼一法眼(きいちほうげん)、「いもり酒」の新洞、「沼津」の平作などの老け役があげられよう。

だが、じつをいうと、脇に回ったときこそこの人の値打ちがしみじみと実感されることが多かった。たとえば歌右衛門の「阿古屋」では重忠、鴈治郎の「河庄」では孫右衛門が、仁左衛門の絶対の持ち役だった。「七人の会」で菅丞相をつとめてから56年に国立劇場で再演するまでの間、「道明寺」が上演されるときは、仁左衛門はいつも判官代輝国に回されていたが、この輝国もまた、傑作だった。主役だと、とかく芝居熱心から過剰な熱演になる弊もあったが、重忠や輝国のような捌き役になると、抑えた受けの演技のなかに涼やかな知性と人柄のよさがじんわりと滲み出て、まことに得難い味があったのである。

孫右衛門の場合は、律儀で温厚な大阪商人らしい、自然の存在感がみごとだった。ふつうの堅気の町人をそれらしく見せることが、今となってはかえってむずかしい。「帯屋」の長右衛門、「鰻谷」の八郎兵衛、「宵庚申」の半兵衛、あるいは「酒屋」の宗岸や「大文字屋」の助右衛門といった老人役など、義太夫狂言の世話物には、そうした人物を主役にしたものが多いが、これらは、父の十一代目から受け継いだ仁左衛門の独壇場だったし、おそらく絶後のものであろう。ひとつには、父の薫陶を得て義太夫に精通していたことの賜物である。克明に工夫された段取りによるていねいな芝居運びと、底に流れるリアリズム精神。それは、大正から昭和前期の歌舞伎黄金時代の遺風といえようが、仁左衛門の演技にはそれが際立って見えた。戦後第一世代のなかで、ほかの人より少し先んじて戦前の名優たちの全盛期の舞台に接し、親しく教えを受けたためだったと思われる。

56年の菅丞相の名演は、こうした長い蓄積と、不遇の時代にも変わらず持ち続けた精神のありようが、一気に凝縮し、花開いた成果だったといえよう。仁左衛門は、あえて父の型ではなく初代鴈治郎の型をベースにして演出を組み立てたが、そうした豊富な知識と熟慮を重ねた役作りも、与かって力があった。

このときの「道明寺」では、「七人の会」のときのように鴈治郎が覚寿をつとめるという事前の噂があったが、結局、鴈治郎は体調不良で出演叶わず、2年後に、その波瀾に満ちた役者人生を閉じた。一方、仁左衛門はそのころから静かに芸境を深めていき、関西歌舞伎の大黒柱として名声に包まれた晩年に至る。ここにもまた、運命の不思議があった。

七代目 尾上梅幸

【おのえ・ばいこう】
大正4年(1915)8月31日・生
平成7年(1995)3月24日・没

七代目梅幸は、戦後の歌舞伎界で六代目中村歌右衛門と並び立つ名女方だった。歌右衛門が旧吉右衛門劇団の立女方であり、のちには歌舞伎界全体のトップに立ったのに対し、梅幸は菊五郎劇団の立女方であり、代表者という立場である。この二人が並び立つさまは、あたかも五代目歌右衛門と六代目梅幸という、女方の座頭(ざがしら)が覇(は)を競った大正期のすがたの再現のようでもあった。歴史は、このように循環するのであろうか。

歌右衛門と梅幸とは、芸風も芸歴も、いろいろな意味で対照的な面が多かった。同じ女方でもまったくタイプの異なる二人。だからこそ、政岡、玉手御前、お三輪、おかる、舞踊の「娘道成寺」などを、それぞれの芸風で当り役としたことは意義があったのだ。

梅幸の芸とその歴史的位置づけについては、かつて一度、書いたことがある（「随想・尾上梅幸のこと」御園座演劇図書館編『演劇』第42号）。

六代目菊五郎は、明治の團菊、特に九代目團十郎が確立した近代歌舞伎の演技術というものの、もっとも正統的な継承者だった。すなわち、梅幸の養父である。九代目團十郎も六代目菊五郎も、女方の役を見事にこなしたが、立役を本領とする人たちだけに、女方らしい風姿や味わいにおいては不足があったと思われる。五代目歌右衛門は、女方として團十郎の精神を受け継いだ人だったが、鉛毒のため、後年はその技芸を完璧な形で発揮することができなかった。だから、女方らしい肉体条件と健康に恵まれ、六代目の教えを純粋に守った梅幸は、團菊以来の近代歌舞伎の芸を、女方の領域で、初めて十全に完成した人である。だが、その演技術は、後続の女方に継承されていない――。

この考えは、今も変わらないし、昨今はさらにその思いを深くする。昭和の歌舞伎まで、團菊に対する信仰というものは確実に生きていた。梅幸は、その信仰のなかで、静かに、しかし固い信念をもって立っていた人である。

しかし、昭和も末になるにつれ、歌舞伎に対する考え方も多様化し、役者の芸のあり方も流動化をはじめる。多様性、流動性は、ある意味、歌舞伎本来の特性ともいえるが、規範を失った迷走では困るだろう。そう思ってみるとき、六代目の教えのなかに完璧に生きた梅幸の揺るぎない信念と純粋な芸というものが、あらためて思い出されるのである。

近代歌舞伎の第一の精神は、人物の性根、つまり本質的な性格と、そのときどきの心の動きを的確にとらえる写実主義、人間主義である。しかし、心のなかで思っているだけでは、それらは観客には伝わらない。内面を外面的な形によって観客に感じ取らせるのが歌舞伎の芸であり、それを支えるのは、舞踊によって鍛えられた肉体の表現力である。

性根の把握と舞踊の技術による表現力。それは表裏一体、自然な形であらわれるものでなくてはならない。それには、さらに芸の品位というものが求められる。前受けを狙った余計な装飾やくだくだしい説明を削ぎ落した、簡潔で端正な演技である。

梅幸は、生後ほどなく菊五郎家に貰われていったため、徴兵検査の手続きをするときまで、自分が養子だとは知らなかったし、父も母も、そのことには終生ふれなかったという。菊五郎は実の子同然に、というより、音羽屋の正嫡という意識を持って彼を育てたのだろう。菊五郎には多くの弟子があり、指導にあたって誰彼の区別はなかったと思うが、それでもやはり、一種の英才教育というものを、梅幸には施したのではないか。

何より、菊五郎はじつにゆっくりと時間をかけて、梅幸を仕込んだ。

梅幸が子役で出演したのは年に1、2回、やや成長してからも、長い間大きな役は与えられなかった。10代までは印象が薄かったという人が多いが、そもそも印象に残るような役をしていないのだ。軽い役から順に経験して芝居全体を覚える、それでなくては主役はつとまらないというのが菊五郎の考え方で、だれに対しても「見て覚えろ」が口癖だったが、とりわけ梅幸に対しては、これが菊五郎流の英才教育だったと思う。昭和10年、20歳で丑之助から三代目菊之助を襲名したときの役も、『土蜘』の胡蝶、「筆売り幸兵衛」のお雪、『茨木』の太刀持だった。胡蝶はまだしも、お雪や太刀持は子役上がりの役である。

それでも、やがて若手勉強会などのために、「妹背山」のお三輪、「忠臣蔵」のおかる、「野崎村」のお光などの娘役、「車引」の桜丸、「鈴ヶ森」の権八など和事系の立役、それに舞踊の「娘道成寺」など、後年の当り役になるものを父に教わる機会も生まれた。戦時中は十五代目羽左衛門の一座に加わり、「かさね」「落人」「源太勘当」などで相手役をつとめ、「菊畑」の虎蔵を教わったりしたし、戦後は父の相手役として三千歳、十六夜、夕霧、お紺などをつとめるに至る。22年には六代目梅幸未亡人の希望によって七代目を襲名。こうして菊五郎の英才教育は、その晩年に首尾よく仕上げの段階に達したのだ。

劇界の第一人者である父が戦後まで健在でいてくれたことは、梅幸にとって幸せな環境だったといえよう。だが、彼はその幸福に安住するのではなく、観客までも暖かい幸福感に包むような気持ちのよい芸風を作り上げた。だれもがいう品格、端正、清純といった持ち味は、父菊五郎の薫陶（くんとう）によるものだが、本人の人柄のよさでもあり、また美貌と澄んだうつくしい声に恵まれていたことも、そうした印象をさらに高める力となった。

菊五郎没後は、あらためて結成された菊五郎劇団で、十一代目市川團十郎（当時は九代目海老蔵）や二代目尾上松緑の相手役をつとめた。前にもふれたように、若手中心の菊五郎劇団は、吉右衛門劇団にくらべて不利な立場に置かれていたが、新作と黙阿弥物などの通し狂言を売り物にして、若い世代の観客の心を摑（つか）んでいくのである。『源氏物語』や『なよたけ』をはじめ、20年代から30年代にかけて菊五郎劇団が手がけた新作は数多く、したがって梅幸も、多くのヒロインで創造的な演技を見せた。しかしその一方で、古典では教わった型をきっちり守り、音羽屋系の演目以外に、むやみに芸域を広げることはしなかった。

昭和43年、歌右衛門と梅幸は、そろって重要無形文化財保持者の各個認定（いわゆる人間国宝）を受ける。が、梅幸は十一代目團十郎、歌右衛門は八代目松本幸四郎という、似合いの相手役を失っており、若さや美貌にも衰えのはじまる時期を迎えていた。

『春興鏡獅子』　お小姓弥生

梅幸の場合、『摂州合邦辻』の通し（43年6月国立劇場）の玉手御前などの成果もあったが、とくに舞踊と立役というものが、この時期を乗り切る武器となっていたと思う。

前記の梅幸論で、私は「梅幸の踊りのよさは、吸い込まれるようなふくよかな柔らか味と四肢の動きの整った均衡美であり、そこから春の陽光のような暖かさが、舞台一杯に広がる心地よさである」と書いたが、長唄舞踊の「娘道成寺」「鏡獅子」『藤娘』『汐汲』など、まさにそうした味わいの名品だったといえよう。また、「かさね」「落人」のおかる、「吉野山」の静御前などの浄瑠璃系の作品では、句読点のはっきりした明快な手ぶりのなかに、人物の担うドラマがおのずと裏打ちされていく妙技が鮮やかだった。

一方、梅幸は「忠臣蔵」の判官、『勧進帳』の義経、「嫩軍記」の敦盛・小次郎、「鮓屋」の弥助実は惟盛といった貴公子役、桜丸、権八、虎蔵、勝頼、久我之助といった前髪役など、立役にも傑作が多かった。いずれも、身体を使って柔らか味を描き出す従来の和事芸と違い、端正な気品と柔らかな持ち味をすんなりと生かし、そこに正しく性根を注入するという嫌味のない演じ方で、これは梅幸の創造といえる演技術であったと思う。

しかし、梅幸の本領は、やはり女方であった。そして、本来の資質からいえば、六代目梅幸の妖艶で婀娜っぽい芸風には歌右衛門が、五代目歌右衛門の玲瓏高貴な味わいには梅幸が、じつは近かったのではないか、とも思う。菊五郎劇団と吉右衛門劇団が単独で活動していた時代は別として、後年の梅幸は、長く八重垣姫や政岡を歌舞伎座で演じなかった。それは、つねに「おだやかな紳士」といわれた梅幸らしい、歌右衛門への心遣いだったのかもしれない。六代目の手許で育った環境から、自然、世話物を演じる機会が多かったし、「魚屋宗五郎」のおはまや「め組の喧嘩（けんか）」のお仲などの女房役は本人も好きだったようだから、それで満足していたということもあろう。だが、梅幸は、本当は赤姫や片はずしがよく似合う人だったのではないか、と私はひそかに思っている。

歌右衛門の体調がすぐれなくなってから、一度だけ梅幸が、歌舞伎座で「先代萩（せんだいはぎ）」の政岡を〝飯炊き（ままたき）〟からていねいに演じたことがある。傑作といわれた歌右衛門の孤独な情熱の深さに対し、それはあたたかい母性愛に満ちた、また別趣の名品だった。そのとき、この人の静かな芸魂というものを、私は感じたのである。

六代目

中村歌右衛門

【なかむら・うたえもん】

大正6年（1917）1月20日・生
平成13年（2001）3月31日・没

戦後、とくに昭和40年代以後の歌舞伎界は、六代目歌右衛門の時代であった。いつの時代も、複数の名優が並び立ち、それぞれ特色ある芸を競い合う。しかし、そうした劇界を牽引し、時代を代表する顔となるのは、ただ一人の〝選ばれた人〟である。戦後第一世代のなかで最年少の歌右衛門が、明治の九代目市川團十郎、大正の五代目歌右衛門、昭和前期の六代目尾上菊五郎と続く〝第一人者〟の流れの上に立ったのだ。

歌右衛門が育ったのは、そのかつての覇者、五代目歌右衛門の「千駄ヶ谷御殿」である。兄とよぶ人に、17歳年の離れた五代目福助がいた。美貌の女方として絶大な人気があり、将来を嘱望(しょくぼう)されていたが、33歳で夭折(ようせつ)。この兄の死は、歌右衛門を父五代目の後継者、成駒屋の当主という立場に立たせる運命的な出来事となった。

大正11年、三代目児太郎として初舞台を踏んだ彼は、昭和7年にはじまった「青年歌舞伎」に参加、弱冠15歳で「娘道成寺」と「堀川（ほりかわ）」のお俊をつとめ、識者を驚嘆させる。それと入れ替わるように、兄福助は翌年に没。児太郎はすぐに六代目福助を襲名し、以後、青年歌舞伎が解散する昭和13年、21歳までの6年間に、三姫から「鏡山」の尾上、「合邦（がっぽう）」の玉手御前といった役まで、女方の大役を数多くこなした。その早熟ぶりは驚異的だが、父の五代目も、不自由なからだをおして、懸命の指導をしたのであろう。

15年、父が永眠すると、福助は初代中村吉右衛門の手許に引き取られ、六代目芝翫（しかん）を襲名する。歌右衛門が東京の役者でありながら義太夫狂言を得意としたのは、吉右衛門の薫陶（くんとう）によるものであろう。吉右衛門も若い芝翫を可愛がり、相手役に抜擢した。

そうした蓄積により、戦後、三越劇場の若手歌舞伎で演じた「関の扉（と）」の小町と墨染、「将門」の滝夜叉姫など、古風な歌舞伎味に満ちた踊りで絶賛を博すことになる。22年10月の東京劇場で、吉右衛門の相手役として演じた「籠釣瓶（かごつるべ）」の八ツ橋も伝説的な舞台となった。そして26年、父が本拠地とした歌舞伎座が新装開場するのを待って、4、5月の2ヶ月にわたり、六代目歌右衛門襲名披露興行を盛大に挙行する。3月は明治座で「関の扉」の二役と「先代萩」の政岡（初役）をつとめ、すぐにこの披露興行にのぞんだのだから、その奮闘はすさまじい。こうして、わずか34歳で歌舞伎界屈指の大名跡を継ぎ、以後、父と同じ〝第一人者〟の座へと、着々と歩を進めていくことになる。

しかし、戦後の歌舞伎は、好況の時期も多少はあったものの、おしなべていえば、つねに衰亡の危機と背中合わせにあった。そうしたなかで歌右衛門のしたことは、歌舞伎の灯を守るため、脇目もふらずに舞台に精進することのみだった。歌舞伎は、きわめて特色ある様式や美意識で成り立っており、そこに独自の価値がある。そして、その様式や美意識にとって、女方の存在は欠かすことはできない。今日では当たり前のように受け入れられている認識だが、これは戦後、一度はゆらぎかけた認識であり、極論すれば女方を天職とする歌右衛門の超人的な奮闘によって、ふたたび取り戻されたものだった。

一般に、役者はまず、自分自身の芸のことを考える。しかし歌右衛門の場合は、歌舞伎そのものを守ることによって、自身の女方芸を守ったのである。その結果、歌舞伎全体のことは歌右衛門に任せておけば、という信託が生まれたのは、自然のなりゆきだったろう。むろん、そのときどきの事象を見れば、水面下でさまざまな政治的駆け引きがなされたかもしれないが、〝政治〟だけで大きな流れは作れない。歌右衛門を、あの〝第一人者〟の椅子に導いたのは、時代の動向に対する敏感な洞察力、人より二歩も三歩も先を読む物を見る目の高さ、そして何より、強い信念にもとづく実行力だった。

昭和29年、歌右衛門は「莟会（つぼみかい）」という研究公演をはじめた。このとき、舞踊劇の「おしどり」で、歌右衛門の喜瀬川、海老蔵（十一代目團十郎）の河津祐安、二代目尾上松緑の俣野五郎がそろってせり上がってきた瞬間の場内のどよめきは、それこそ伝説化するほどのすさまじさだったという。長く望まれていながら、吉右衛門劇団と菊五郎劇団に分かれて実現しなかった海老蔵や松緑との共演を、個人の熱意によって可能にしてしまったのだ。

昭和40年まで、莟会の公演としては4回を数え、ほかに歌右衛門個人が莟会として新派に特別参加したことが3回ある。新派の人々のみならず、莟会の公演では新劇の東山千栄子や宮口精二、当時映画にいた山田五十鈴らとの共演も実現した。一見、保守的に見えながら、こうしたジャンルの垣根を越えた交流の先鞭をつけ、同時に自身の女方芸の限界に挑戦する。動き出すまではきわめて慎重だが、いったん決めたことはとことんやり抜くという、歌右衛門の真骨頂である。そして、莟会で初演、あるいは復活した作品の多くが、その後、本公演のレパートリーにも加わった。役者個人の研究会として、この質の高さは、やはり別格であったといえよう。しかも、年間ほぼ出ずっぱりで、ひと月に四役も五役も受け持つという過密スケジュールのなかで、これは実行されたのである。

20年代から30年代にかけては、本公演でも三島由紀夫、宇野信夫、北條秀司らの新作に取り組み、かたわら、埋もれていた古典作品の掘り起こしも積極的におこなった。

こうして、昭和40年代以降の「歌右衛門の時代」は到来する。このころから歌舞伎を観はじめた私にも、歌右衛門は特別な存在に見えた。芸術院会員だの人間国宝だの、そんなことは子供には関係ない。ただただ、からめ取られるような強い力を、その舞台から感じたのである。

この力の源は、一口にいえば凛として放たれる強烈な〝気〟のようなものだった。それは、異常なまでの集中力から生まれるものなのであろう。歌右衛門は、幼少時の大病の後遺症で左足が不自由になり、長年、右足だけでからだを支えて熾烈な奮闘を続けてきたため、晩年の舞台では痛々しさが目立ったが、それでもこの〝気〟だけは失われなかった。

しかし、歌右衛門の最盛期は、やはり40年代後半から50年代であろう。勘三郎、松緑、梅幸、みな健在だった。幸四郎(白鸚)も歌舞伎に戻った。関西の鴈治郎や仁左衛門もいた。いわば、歌右衛門に刺激されて歌舞伎への愛情と信頼を持続してきた同世代が、そろって円熟期を迎えた時代である。松竹も、それをフルに生かした大顔合わせの舞台をしばしば企画した。歌右衛門のありあまる情熱をこめた演技は、それをがっしり受け止めてくれる相手役を得たときに、さらに光を増す。昭和60年の十二代目團十郎襲名興行で、まだ健在だった勘三郎、梅幸、松緑、仁左衛門らと「助六」の揚巻や『勧進帳』の義経を演じたころまでが、歌右衛門のいちばん輝いた時期であろう。

一般に、歌右衛門は古風な女方といわれている。戦後、歌右衛門が注目されたのは、若い彼が、荒涼たる焼け跡の風景のなかで、時代離れした〝たおやめぶり〟を示したことに対する驚きのためだった。一方で、そのていねい過ぎるほどの心理描写から、歌右衛門の演技の近代性を説く論もある。しかし、歌右衛門の芸は、そんな単純には規定できない、多面的で奥深いものだったと思う。それらを、彼はたゆまぬ努力によっていちいち身につけたのである。

写実性ということでいえば、それは明治の團菊以来、等しく追求されてきたものだった。初代吉右衛門の薫陶を受け、六代目菊五郎の指導も受けた歌右衛門も、その流れの上にある。そうでなければ現代の観客が納得しないことも、歌右衛門はよく心得ていた。

しかし、歌右衛門が役の心理を分析的に語ることは、まずなかった。語るのは役の〝性根〟であり〝格〟であり、また〝色合い〟であり〝風情〟である。そうした、理屈や説明だけでは醸し出せない複雑なニュアンスを備え、そこに心理の裏打ちを加えたところに、歌舞伎らしい役作りは完成する。そこに、歌右衛門がめざし、到達した境地があった。

歌右衛門が理想としたのは、菊吉の徹底した写実主義、人間主義よりひとつ前の、父の時代にあった華麗、潤い、おおらかさのなかにリアリティが共存する歌舞伎であろう。思えば彼の同世代は、勘三郎、梅幸、松緑から八代目坂東三津五郎や十四代目守田勘弥まで、旧市村座系の役者が絶対多数を占めている。そのなかにあって、ひとり歌右衛門だけが旧歌舞伎座系の伝承を守った。その独自性が、逆に彼の存在を鮮明にしたのである。

歌右衛門のうつくしさというものも、旧来の女方のような線の太い、どこかグロテスクな味をふくんだものではなく、あくまで繊細で近代的なものだった。それが古風と見えたのは、女方らしい控え目な物腰、日常の生活態度を守ったためであり、そこから生まれる色気、情味、風情、そして一種の妖気といったものが、伝統的な女方の特色に通じていたためである。それが、同世代の梅幸や後続の女方たちと、明らかに違う点であった。

歌右衛門は、これまでも書いてきたように、父をこよなく敬愛していたし、同じ道を歩もうという思いも強かった。父の当り役では、その型を忠実に守ってもいた。しかしその一方で、個性の違い、時代の違いというものも、よく心得ていたのである。

『本朝廿四孝』　八重垣姫
© 国立劇場

若いころは知らず、私の観た時代の歌右衛門に、失敗作というものはほとんど思い当たらない。それは、歌右衛門流にいえば〝からだにある役〟かどうかをつねに熟慮し、無理と判断した役は絶対に引き受けない、という妥協のない姿勢をつらぬいたためであろう。一方、父の領域にない役でも、〝からだにある〟と判断したものには、果敢に挑戦した。たとえば、私が忘れられない舞台のひとつに『天守物語』の富姫がある。これをふくめた泉鏡花作品は、現在では坂東玉三郎の独壇場だが、鏡花の世界を歌舞伎で生かす道を拓いたのは、まず歌右衛門だった。玉三郎の当り役との関連でさらにいえば、「桜姫」「お染の七役」など、鶴屋南北の作品を、戦後まず、積極的に演じたのも歌右衛門である。

しかし、歌右衛門の当り役といえば「娘道成寺」や政岡、揚巻、八重垣姫などをあげるのが順当だろう。これらは、その時代の最高位の女方のつとめるべき役である。そうした役はきっちり自分のものにしてゆずらない。そこに、歌右衛門の芸の幅があった。

持ち味や演技術とはまったく別に、歌右衛門の身体能力は、それ自体として抜群の見ものだった。〝絃に乗る〟動きのリズム感。流動的で柔軟な身体の動きが描き出す複雑な線のおもしろさ。そして、ひらひらとよく動く大きな手。ある意味、〝くさい演技〟と紙一重のところで、身に備わった品格に救われるというようなきわどい離れ業を見せたのである。それは、単純に観客を飽きさせないようにという、サービスだったのかもしれない。

しかし、それが単にアクセサリーとしての技巧だけだったかというと、そうでもない。義太夫狂言には、〝クドキ〟とよばれる愁嘆場が女方の見せ場として用意されている。歌右衛門のクドキには、型通りという次元をはるかに超えた、異様な迫力があった。それは、哀切きわまるせりふ廻しとともに、その身体能力によって刻まれていく細かい動きが、漸層的に高まって生み出す熱狂による。涙枯れるまで泣きつくしたとき、はじめて心が落ち着くように、歌右衛門のクドキは、その熱狂をきわめ、燃焼しつくした末に、深いカタルシスがおとずれるというようなものであった。

六代目菊五郎、初代吉右衛門に続いて文化勲章を受章するなど、一時代の頂点をきわめた人だけに、生前、二冊の豪華写真集が出版されたのをはじめ、歌右衛門に関係する書籍、文献は数知れず、自身の言葉として語られた「履歴書」も複数ある。そして、死後に書かれた文章も多い。六代目菊五郎の場合とは、またニュアンスに違いはあるが、批判的な言説もふくめて、皆がこぞって「私の歌右衛門論」を語りたがった。また、語らずにはいられないようにする力を、歌右衛門は持っていたのである。

そうした膨大な文献のなかで、昭和34年に刊行された豪華写真集の編者である三島由紀夫が、同書に載せた「六世中村歌右衛門序説」は、さすがに定評通り、代表的な名文であると思う。私が共感する箇所のひとつに、たとえばつぎのようなくだりがある。

「このやうな條件に置かれた人の創造意慾は、言葉のほんたうの意味で孤獨であり、どれほど多くの贊美者の數に圍まれてゐても、本質的に反響のない世界に棲んでゐる。それは燦然たる自己開花ではあるが報いのない愛であり、呼べども答へぬ愛である。（中略）われわれが歌右衛門の舞臺に、眞に切々たる愛戀のひらめきを感じるのが、相手役のゐる場合よりも、『娘道成寺』のクドキのやうに、その場に相手役のゐない戀慕の表現に多いのは、さう考るとふしぎではあるまい。」

どれほどの栄光、名声にかこまれようと、芸術家の魂は孤独なものであろう。歌右衛門は、その孤独を芸に昇華し、多くの観客の心を癒した稀有の人であった。「歌右衛門の近代性」をいうなら、この「近代における芸術家の孤独」をこそいうべきであろう。

エピローグ

——昭和から平成へ——

昭和20年代を通じて、戦前からの名優をほぼ見送った東京の歌舞伎界は、年齢順に十一代目市川團十郎、十七代目中村勘三郎、八代目松本幸四郎(白鸚)、二代目尾上松緑、七代目尾上梅幸、六代目中村歌右衛門の六人によって担われていくことになる。これに関西の二代目中村鴈治郎、十三代目片岡仁左衛門を加えた八人が、戦後歌舞伎の立役者であった。たとえば、昭和34年に出版された加賀山直三編の聞書き『八人の歌舞伎役者』は教えられるところの多い名著だが、これにおさめられたのも、この八人の芸談である。50代で没した團十郎は別として、残る七人は、いずれも芸術院会員、人間国宝、文化功労者の認定を受け、歌右衛門、勘三郎、白鸚、松緑は文化勲章を授章した。

昭和から平成へと移行した1989年、松緑が世を去る。八人衆のうち、仁左衛門、梅幸、歌右衛門の三人はまだ健在であったが、いずれも高齢のため、次第に舞台が不自由になっていくのは明らかだった。この時点で、まだしもいちばん元気に見えたのは梅幸だったと思う。元号による時代区分と歌舞伎界の動向が、かならずしも一致するわけではないが、平成の声を聞いたとき、歌舞伎の世界に関しても、「時代が変わった」という実感を、あらためて抱かずにはいられなかった。

平成6年正月の歌舞伎座では、十七代目勘三郎七回忌追善として、夜の部に『弥栄芝居賑(いやさかえしばいのにぎわい)』、いわゆる「芝居前」が出て、仁左衛門、梅幸、歌右衛門が顔をそろえるはずであった。ところが、仁左衛門は初日から休演、元気に見えた梅幸も、11日から休演する。そして、梅幸の休演を聞いてにわかに気分の悪くなった歌右衛門も、同じ日から休演することになった。

結局、仁左衛門は同年3月に、梅幸はその1年後の平成7年3月に世を去る。一人残った歌右衛門は、翌8年にかけて3回歌舞伎座に出演し、「糒庫(ほしいぐら)」の淀の方、『建礼門院』、『井伊大老』のお静の方という新歌舞伎・新作歌舞伎の当り役を、途中休演をふくみながらも辛うじて演じたが、8年8月の国立劇場で開催された「二世藤間勘祖を偲ぶ会」で1日だけ踊った『関寺小町』を最後に、二度と舞台に立つことはなかった。

しかし、歌右衛門が天寿をまっとうするまでには、まだ5年の歳月があった。そしてその間は、舞台にこそ立たなくても、歌右衛門が存在することの重みというものが、やはり歌舞伎界を支配していたと思う。平成6年、歌右衛門は梅幸とともに歌舞伎座の芸術監督に就任し、梅幸亡き後は、一人でその任にあたっていた。後輩たちの舞台はもとより、日常に至るまで歌右衛門の眼が光っている。そう感じることで、昭和時代からの伝統を崩すまいとする、ある緊張と節度が保たれていたのである。

すでに平成のはじめから、時代ははっきりと変わりはじめていたが、上記の理由から、私は歌右衛門の没した平成13年3月31日をもって、昭和歌舞伎は完全に終焉したと思っている。この〝昭和の歌舞伎 名優列伝〟の最後を、歌右衛門でしめくくったのはそのためである。

しかし、そのためにこの列伝から漏れてしまった人々がいることにもふれておきたい。

たとえば、歌右衛門を見送った3ヶ月後に没した十七代目市村羽左衛門は、歌右衛門より1歳年上である。ただ、立役としては八人衆より若干後輩だったため、昭和時代は脇役に回ることが多かった。もともと、堅実だが華に欠ける芸風だったから、脇役にはまり役が多いが、先輩たちがいなくなると、主役級の役をつとめる機会も増えた。最晩年まで、あまり衰えを見せずに舞台をつとめられたため、平成時代に活躍した人という印象も強い。

二代目中村又五郎（平成21年没）は、羽左衛門よりさらに2歳年上の大正3年生まれ。スターというタイプではなかったので、脇役に徹していたが、古名優の舞台を克明に記憶し、とくに師匠である初代吉右衛門系統の演目に関しては生き字引だった。国立劇場の歌舞伎俳優養成事業で、長年、主任講師をつとめた功績でも知られる。松本白鸚とともに東宝に移籍し、最後まで在籍していたが、晩年は歌舞伎の舞台に出演することが多く、平成時代になっても長く活躍した。

女方の四代目中村雀右衛門（平成24年没）も、歌右衛門より3歳、梅幸より5歳年下の大正生まれ（大正9年）で、ほぼ同世代のはずなのだが、7年におよぶ軍隊生活のブランクがあり、しかも復員後に女方として再出発したため、はじめは大きなハンディがあった。結果的には、舞台生命を長く維持したことにより、その帳尻をあわす形になったのだが、それを実現させた精神力はみごとだった。80歳を過ぎてからつとめた「助六」の揚巻や、八重垣姫・時姫・雪姫の「三姫」が好評を博するなど、平成時代になってからの活躍もめざましかった。

平成23年に相ついで没した五代目中村富十郎、七代目中村芝翫となると、もはや昭和生まれで、現坂田藤十郎や澤村田之助と、ほぼ同世代ということになる。

藤十郎、富十郎といえば、昭和24年からはじまった武智鉄二の「歌舞伎再検討公演」、いわゆる「武智歌舞伎」でともに学び、28年ごろには〝扇鶴時代〟（当時は扇雀と鶴之助だった）とよばれる若手ブームをひき起した二人である。

いつの時代も、大幹部の至芸とともに、〝時分の花〟の若手の魅力が、観客をひきつけるという現象はあった。これまで、何度も言及した戦前の「青年歌舞伎」なども、当時の若手・花形とよばれる世代だけで一座を作り、主役をつとめさせるというものだった。

しかし、それが社会現象にまで至るということはなかった。あくまで「青年歌舞伎」は修業の場である、という認識もあったし、マスメディアが未発達だったことにもよる。

それが、扇鶴の場合は週刊誌などにもさかんに取り上げられ、東京にもその評判は飛び火して、爆発的な人気をよんだ。歌舞伎における若手ブームの嚆矢だったといえよう。

だが、〝扇鶴時代〟が〝扇雀ブーム〟にかたよっていくにつれ、関西歌舞伎界は亀裂を生じ、結局、父の二代目鴈治郎は大映に、当の扇雀は東宝にと、映画の道に入ってしまう。

扇雀の場合は、ブームが先にあっての映画入りだったが、これ以後、映画やテレビといったマスメディアを通じて、若手役者の風貌を簡単に全国に届けられるようになると、ブームの規模もふくらんでいった。

扇鶴時代に続く若手ブームは、尾上菊之助（現菊五郎）、尾上辰之助（三代目松緑を死後追贈）、市川新之助（十二代目團十郎）の〝三之助ブーム〟であろう。渋谷の東横劇場を拠点に、40年代初頭を中心に公演がおこなわれた。

〝三之助〟の場合は、テレビの時代劇に出演して若い女性ファンを獲得し、その人気の上に立って歌舞伎公演をおこなう、という形だったが、女方ゆえにテレビとは無縁だったにもかかわらず、40年代なかばからじわじわと注目を集め、ついには一大社会現象となるほどのブームをひき起したのが、現坂東玉三郎である。

当時、玉三郎はやっと成人を迎えたばかりの年ばえであったが、その自然で透明なうつくしさは、とかく古臭いとか不自然と考えられていた〝女方〟のイメージを一変させ、新時代の美の形として、歌舞伎を知らない若者たちにも圧倒的な支持を受けた。

しかも、その早熟な演技力は、一方で有識者をも納得させるものがあり、けして浮薄な一時的ブームには終わらなかった。ブームがはじまったころから、新橋演舞場の若手歌舞伎で、海老蔵（十二代目團十郎）や孝夫（現仁左衛門）を相手に古典の大役を神妙につとめていたが、昭和50年、『桜姫東文章』で白菊丸と桜姫の二役をつとめ、圧倒的な評判をよんだころから、その活躍の幅は一段と広まった。新派や、当時〝赤毛もの〟とよばれた西洋劇にも出演し、女方というものの可能性をきわめていくすがたは、じつにめざましかった。

50年代は、三代目市川猿之助（現猿翁）による〝猿之助歌舞伎〟の最盛期でもあった。昭和38年に猿之助を襲名した直後に、祖父と父を続けて失ったにもかかわらず、有力幹部の傘下に入ることをせず、独立独歩の道をつらぬいて、ついに七月歌舞伎座の昼の部を責任興行として任される形となったのが46年。そして、49年には、猿之助歌舞伎の記念すべき第一作である『加賀見山再岩藤』を東京で上演し、文字通り満都を沸かせる評判となった。

猿之助歌舞伎は、埋もれていた古狂言を掘り起こし、その演出には、宙乗りや早替りなど、ケレンとよばれて軽視されてきた古い歌舞伎のおもしろい技法をふんだんに使うとともに、今日の観客に合わせたスピーディな進行や整合性を持った物語構成にも留意した復活狂言である。「再岩藤」は、すでに十七代目勘三郎が国立劇場で復活上演していたが、猿之助は台本を大幅に改訂して〝七役早替り〟を実現したのである。

そして、50年代には、一年一作のペースで、こうした復活狂言がつぎつぎと発表されていく。その創作意欲はすばらしかった。私たちは、今年はどんな新作が観られるのかと、期待に胸をふくらませて明治座の客席に着いたのである。

私の、半世紀におよぶ観劇歴のなかで、もっとも楽しく、充実していた時期として、今もあざやかに思い出すのは、この昭和50年代である。一方で、円熟期を迎えた歌右衛門を中心とする大幹部たちの珠玉の名舞台があり、一方で〝玉三郎ブーム〟や〝猿之助ブーム〟といったあたらしい世代の熱気に満ちた挑戦があって、まことに多彩で活気にあふれた時代だったと思う。

しかし、この章で取り上げた人たちの業績は、「平成の歌舞伎」が回顧されるとき、あらためて詳述、検証されることになるだろう。そのとき、現在のこの「平成の歌舞伎」は、長い歌舞伎の歴史の上に、どのように位置づけられることになるのであろうか。

外題一覧

本書で表された通称・略記とその本外題の一覧（五十音順）
なお、本外題にはここに記した以外の通称をもつものもあります。

通称・略記	本外題
赤垣源蔵	裏表忠臣蔵
明烏	明烏夢泡雪
阿古屋	壇浦兜軍記
油屋与兵衛	油商人廓話
塩原多助	塩原多助一代記
伊賀越	伊賀越道中双六
碇知盛	義経千本桜
十六夜清心	小袖曽我薊色縫
石切梶原	梶原平三誉石切
伊勢音頭	伊勢音頭恋寝刃
一条大蔵譚	鬼一法眼三略巻
稲妻草紙	浮世柄比翼稲妻
妹背山（御殿）	妹背山婦女庭訓
いもり酒	刈萱桑門筑紫轢
入谷	雪暮夜入谷畦道
植木屋	忠臣連理廼鉢植
鶯塚	昔語黄鳥墳
宇都谷峠	蔦紅葉宇都谷峠
鰻谷	桜鍔恨鮫鞘
乳母争い	扇的西海硯

馬切り	三千両黄金蔵入
梅の由兵衛	隅田春妓女容性
扇屋熊谷	源平魁躑躅
大蔵卿	鬼一法眼三略巻
大盃	大杯觴酒戦強者
小笠原騒動	小笠原流礼忠孝
おしどり	鴛鴦襖恋睦
お染の七役	於染久松色読販
落人	道行旅路の花聟
お土砂	松竹梅雪曙
帯屋	桂川連理柵
お祭佐七	江戸育御祭佐七
女団七	夏姿女団七
加賀鳶	盲長屋梅加賀鳶
鏡獅子	春興鏡獅子

鏡山	加賀見山旧錦絵
籠釣瓶	籠釣瓶花街酔醒
かさね	色彩間苅豆
合邦	摂州合邦辻
桂川	桂川連理柵
賀の祝	菅原伝授手習鑑
鎌倉山	有職鎌倉山
髪結新三	梅雨小袖昔八丈
雁のたより	雁のたよりまいらせそろ
刈萱	刈萱桑門筑紫轢
河庄	心中天網島
河内山	天衣紛上野初花
菊畑	鬼一法眼三略巻
喜撰	六歌仙容彩
清水清玄	けいせい入相桜

切られお富(きられおとみ)　処女翫浮名横櫛(むすめごのみうきなのよこぐし)
金閣寺(きんかくじ)　祇園祭礼信仰記(ぎおんさいれいしんこうき)
九段目(くだんめ)　仮名手本忠臣蔵(かなでほんちゅうしんぐら)
熊谷陣屋(くまがいじんや)　一谷嫩軍記(いちのたにふたばぐんき)
車引(くるまびき)　菅原伝授手習鑑(すがわらでんじゅてならいかがみ)
廓噺(くるわばなし)　嫗山姥(こもちやまんば)
桑名屋徳蔵(くわなやとくぞう)　桑名屋徳蔵入船物語(くわなやとくぞういりふねものがたり)
毛剃(けぞり)　博多小女郎浪枕(はかたこじょろうなみまくら)
毛谷村(けやむら)　彦山権現誓助剣(ひこさんごんげんちかいのすけだち)
源太勘当(げんだかんどう)　ひらかな盛衰記(せいすいき)
源氏店(げんじだな)　与話情浮名横櫛(よわなさけうきなのよこぐし)
高野山(こうやさん)　刈萱桑門筑紫𨏍(かるかやどうしんつくしのいえづと)
国性爺(こくせんや)　国性爺合戦(こくせんやかっせん)
腰越状(こしごえじょう)　義経腰越状(よしつねこしごえじょう)
孤城落月(こじょうらくげつ)　沓手鳥孤城落月(ほととぎすこじょうのらくげつ)

五段目(ごだんめ)　仮名手本忠臣蔵(かなでほんちゅうしんぐら)
五斗三番(ごとさんば)　義経腰越状(よしつねこしごえじょう)
再岩藤(ごにちのいわふじ)　加賀見山再岩藤(かがみやまごにちのいわふじ)
小堀政談(こぼりせいだん)　吉様参由縁音信(きちさままいるゆかりのおとずれ)
魚屋宗五郎(さかなやそうごろう)　新皿屋舗月雨暈(しんさらやしきつきのあまがさ)
酒屋(さかや)　艶容女舞衣(はですがたおんなまいぎぬ)
逆櫓(さかろ)　ひらかな盛衰記(せいすいき)
佐倉宗吾(さくらそうご)　東山桜荘子(ひがしやまさくらのそうし)
桜姫(さくらひめ)　桜姫東文章(さくらひめあずまぶんしょう)
里見八犬伝(さとみはっけんでん)　南総里見八犬伝(なんそうさとみはっけんでん)
実盛物語(さねもりものがたり)　源平布引滝(げんぺいぬのびきのたき)
三代記(さんだいき)　鎌倉三代記(かまくらさんだいき)
三番叟(さんばそう)　寿式三番叟(ことぶきしきさんばそう)
楼門(さんもん)　楼門五三桐(さんもんごさんのきり)
時雨の炬燵(しぐれのこたつ)　心中天網島(しんじゅうてんのあみじま)

四千両　四千両小判梅葉
七段目　仮名手本忠臣蔵
志度寺　花上野誉碑
四の切　義経千本桜
島衛　島衛月白浪
十種香　本朝廿四孝
俊寛　平家女護島
白浪五人男　青砥稿花紅彩画
白石噺　碁太平記白石噺
新薄雪　新薄雪物語
陣門・組打　一谷嫩軍記
助六　助六由縁江戸桜
助六　助六曲輪菊
鮓屋　義経千本桜
鈴ケ森　浮世柄比翼稲妻

鈴木主水　隅田川対高賀紋
関の扉　積恋雪関扉
先代萩　伽羅先代萩
袖萩祭文　奥州安達原
大晏寺堤　敵討襤褸錦
対面　寿曽我対面
大文字屋　紙子仕立両面鑑
筍　本朝廿四孝
竹の間　伽羅先代萩
立場の太平次　絵本合法衢
玉藻前　玉藻前曦袂
縮屋新助　八幡祭小望月賑
乳貰い　花雪恋手鑑
忠臣蔵　仮名手本忠臣蔵
壺坂　壺坂霊験記

寺子屋（てらこや）	菅原伝授手習鑑（すがわらでんじゅてならいかがみ）
輝虎配膳（てるとらはいぜん）	信州川中島合戦（しんしゅうかわなかじまかっせん）
天下茶屋（てんがじゃや）	敵討天下茶屋聚（かたきうちてんがじゃやむら）
唐人殺し（とうじんごろし）	漢人韓文手管始（かんじんかんもんてくだのはじまり）
道明寺（どうみょうじ）	菅原伝授手習鑑（すがわらでんじゅてならいかがみ）
藤弥太物語（とうやたものがたり）	御所桜堀川夜討（ごしょざくらほりかわようち）
吃又（どもまた）	傾城反魂香（けいせいはんごんこう）
とんとんの三吉（さんきち）	傾城三拍子（けいせいとんとんとん）
直侍（なおざむらい）	天衣紛上野初花（くもにまごううえののはつはな）
直侍（なおざむらい）	雪暮夜入谷畦道（ゆきのゆうべいりやのあぜみち）
夏祭（なつまつり）	夏祭浪花鑑（なつまつりなにわかがみ）
二月堂（にがつどう）	良弁杉由来（ろうべんすぎのゆらい）
廿四孝（にじゅうしこう）	本朝廿四孝（ほんちょうにじゅうしこう）
日蓮記（にちれんき）	日蓮上人御法海（にちれんしょうにんみのりのうみ）
新口村（にのくちむら）	恋飛脚大和往来（こいのたよりやまとおうらい）
沼津（ぬまづ）	伊賀越道中双六（いがごえどうちゅうすごろく）
寿の門松（ねびきのかどまつ）	山崎与次兵衛寿門松（やまざきよじべえねびきのかどまつ）
野崎村（のざきむら）	新版歌祭文（しんぱんうたざいもん）
博多諷（はかたのひとふし）	博多小女郎浪枕（はかたこじょろうなみまくら）
橋本（はしもと）	双蝶々曲輪日記（ふたつちょうちょうくるわにっき）
馬盥の光秀（ばだらいのみつひで）（馬盥（ばだらい））	時今也桔梗旗揚（ときはいまききょうのはたあげ）
八陣・御座船（はちじん・ござぶね）	八陣守護城（はちじんしゅごのほんじょう）
八段目（はちだんめ）	仮名手本忠臣蔵（かなでほんちゅうしんぐら）
引窓（ひきまど）	双蝶々曲輪日記（ふたつちょうちょうくるわにっき）
肥後の駒下駄（ひごのこまげた）	新規作肥後木履（あらきづくりひごのこまげた）
日向島（ひゅうがじま）	嬢景清八嶋日記（むすめかげきよやしまにっき）
封印切（ふういんきり）	恋飛脚大和往来（こいのたよりやまとおうらい）
嫩軍記（ふたばぐんき）	一谷嫩軍記（いちのたにふたばぐんき）
筆売り幸兵衛（ふでうりこうべえ）	水天宮利生深川（すいてんぐうめぐみのふかがわ）
文七元結（ぶんしちもっとい）	人情噺文七元結（にんじょうばなしぶんしちもっとい）

弁慶上使　御所桜堀川夜討
弁天小僧　青砥稿花紅彩画
法界坊　隅田川続俤
糒庫　沓手鳥孤城落月
牡丹燈籠　怪異談牡丹燈籠
堀川　近頃河原の達引
将門　忍夜恋曲者
円塚山のだんまり　南総里見八犬伝
丸橋忠弥　慶安太平記
饅頭娘　伊賀越道中双六
身売りの累　伊達競阿国戯場
道春館　玉藻前曦袂
無間の鐘　ひらかな盛衰記
娘道成寺　京鹿子娘道成寺
め組の喧嘩　神明恵和合取組

盛綱陣屋　近江源氏先陣館
柳生実記　二蓋笠柳生実記
矢口渡（矢口）　神霊矢口渡
宿無団七　宿無団七時雨傘
柳　卅三間堂棟由来
湯殿の長兵衛　極付幡随長兵衛
宵庚申　心中宵庚申
吉田屋　廓文章
吉野川　妹背山婦女庭訓
吉野山　道行初音旅
四谷怪談　東海道四谷怪談
四段目　仮名手本忠臣蔵
蘭蝶　若木仇名草
六歌仙　六歌仙容彩